2016 年度教育部人文社会科学研究
青年基金项目“日本近代《论语》学”
（项目批准号：16YJC751030）的最终成果

日本近代《论语》学史论

吴鹏 著

天津社会科学院出版社

图书在版编目（CIP）数据

日本近代《论语》学史论 / 吴鹏著. -- 天津 : 天津社会科学院出版社, 2019.12
ISBN 978-7-5563-0618-3

Ⅰ. ①日… Ⅱ. ①吴… Ⅲ. ①《论语》—研究—历史—日本—近代 Ⅳ. ①B222.25

中国版本图书馆CIP数据核字(2019)第295415号

日本近代《论语》学史论
RIBEN JINDAI 《LUNYU》XUE SHILUN

出版发行：天津社会科学院出版社
地　　址：天津市南开区迎水道7号
邮　　编：300191
电话/传真：(022) 23360165（总编室）
(022) 23075303（发行科）
网　　址：www.tass-tj.org.cn
印　　刷：北京盛通印刷股份有限公司

开　　本：787×1092 毫米 1/16
印　　张：15.25
字　　数：212千字
版　　次：2019年12月第1版 2019年12月第1次印刷
定　　价：68.00元

序　言

吴鹏博士《日本近代〈论语〉学史论》的著作,凸显"论语"与"京都中国学"两个文化符号。"论语"是儒学文化圈的象征,具有东亚伦理学共通的文化内涵。"京都中国学"是日本近代中国学的代称,以开创新学先驱为学术使命,成就日本中国学文艺复兴的里程碑。

和辻哲郎(1889—1960)推举孔子、释迦、苏格拉底、耶稣为世界四大圣人。金谷治先生(1920—2006)强调《论语》是东洋的"圣经",不仅是中国的经典,也是日本人的"血肉"。传说王仁东传以来,《论语》是平安朝贵族与博士生员必读的经典之一。德川幕府二百六十余年, 儒学盛行,《论语》是显学,不但儒者注释讲述,武士亦能记诵。近代以来,重要场合的致辞,如果引用东方经典,《论语》的词句是首选。

明治三十三年(1900),内藤湖南(1866—1934)说:"东西学术荟萃的日本宜居于创造第三新文明的地位, 日本学界应将学问提升至清朝考证学的水平,确立研究方法,开拓东洋学术,甚至世界文明的新局面。"内藤湖南与狩野直喜(1868—1947)于明治新时代树立新学问是文化使命感, 以批判江户时代与继承江户学术之东京近代的学问有偏狭和歪曲的流弊,不能作为引领新时代学问的文化自觉,选别具有西洋实证合理性格的清朝考证学为学问的底据，开创“新学先驱”的“日本近代中国学”。

吴鹏留学日本长崎大学，专攻京都中国学。2009年2月，以《武内义雄的中国思想史学》的论文，取得硕士学位。武内义雄（1886—1966）的学问是以清朝训诂学，尤其是王引之“舌人意识”为底据，审慎地解释古典的文句。而正确解读古典，除了训诂以外，又有校正传承误衍的必要，乃应用目录学的方法，以历代图书目录和日本的古抄本，考究异本的源流，判别正确的文本。吴鹏自称“武内学”是开启其日本汉学研究的法门。又在撰写硕士论文时，发现武内义雄在《论语》研究方面独具特色，其文本批判的方法和关于《论语》源流的学说，对当时学界影响颇大。故而进修博士课程，研究武内义雄“《论语》学”，旁及师门于《论语》的诠释，建立谱系，探究师弟因革损益的究竟。

京都中国学的主要学者有“二祖三宗四大家”：二祖是创始京都中国学的狩野直喜与日本近代文化史学家内藤湖南；三宗是建立日本近代诸子学研究重镇的武内义雄、日本近代中国文学泰斗吉川幸次郎（1904—1980）、日本东洋史学巨峰的宫崎市定（1901—1995）；四大家是中国文学开拓者铃木虎雄（1878—1963）、李白扶桑莫逆之友青木正儿（1887—1964）、中国古代史学魁元贝塚茂树（1904—1986）、苏东坡东瀛神交的小川环树（1910—1993）。又有东洋史学前驱桑原骘藏（1871—1931）、日本汉文学先锋神田喜一郎（1897—1984）专擅其间。京都中国学派的博学宏词，引领日本近代中国学的风骚，而媲美于北京的文苑翰林。

吴鹏以《京都中国学派〈论语〉研究》，于2012年2月取得博士学位。论文首先论究狩野直喜《论语》学的基本观点及其与江户古学、清朝考证学的关系，并列举实例说明“环境条件”研究的内涵，又研核后世学者的《论语》论考，明确狩野直喜《论语》学在日本近代《论语》学史上的地位与意义。其次接续硕士论文的研究成果，解析武内义雄《论语之研究》，探求“武内学”的特质。然后钻研贝塚茂树、吉川幸次郎、宫崎市定的《论语》著述。论考贝塚茂树作为中国古代史学家研究《论语》的特色，并详尽解析

《〈论语〉的成立》一文，说明“新释古”的研究立场和方法之究竟，探究贝塚茂树的训读中提示的学问方法，说明其于《论语》学方面所持的特殊观点。于吉川幸次郎《论语》的梳理，则以其《中国精神史叙说》学术意义的证成，明晰吉川幸次郎《论语》学的特色和特殊观点。至于宫崎市定《〈论语〉之新研究》的考索，则聚焦于其所谓“新研究”的所在。全篇涉猎日本近代五位代表学者的《论语》著述，旁征博引，论证精辟，不仅探究日本近代《论语》学的特色，又从学问嬗变的角度，厘清日本近代《论语》学发展史的经纬，考镜《论语》诠释的源流，辩章《论语》立说的旨趣，构筑日本近代《论语》研究的学问系谱。既究明日本近代《论语》的精髓所在，又确立以京都中国学者为代表的日本近代《论语》研究在日本《论语》研究史上的地位，发前人所未发，对日本中国学的研究有极大的贡献。

内藤湖南尝以“螺旋循环史观”说明中日学术文化的发展与影响犹如气候冷暖潮流的移动。地球同一纬度的气温移动是波浪的曲线，中日文化思想的传播与影响亦然。中国的学问经过一百五六十年后，在日本流传结实，是横向的传播。中华文化又像卤水，加入如豆浆浑沌未成形的日本文化中，则凝固成型如豆腐的日本文化。中国的学术文化传入日本，在日本的风土滋养茁壮，由“受容”而“变容”，形成日本的独特学术文化，是纵向的飞跃。王国维(1877—1927)送狩野直喜欧游诗(1912)的开端二句“自言读书知求是，但有心印无雷同”，吉川幸次郎谓之为确当地掌握其师狩野直喜学问性格的知人之言。其实这二句也是京都中国学者学问的宗尚所在。狩野直喜自言：“我的学问是考证学”。“读书知求是”即为对清朝考证学的祖述，“心印”是领会中国学问的心得之学，“无雷同”，则是吉川幸次郎《留学时代》一文引述黄侃(1886—1935)所言：“中国之学，在于发明，不在发现”的意涵。“发现”是资料至上主义，“发明”是钻研典籍而发掘要义，亦即发挥前人的学说，以自身的见解论证究明其要旨，进而转益精进，或突破前人的论述而提出崭新的学说，或从事新领域的研究。学问的根底在于辩章学术的究竟，考证学术的源流变迁，博综通观的底据在于文献资料的收集归纳与内在含义的探究演绎之结合，用以剖析学术发展的脉络,明确著述立说的定位。

日本近代以来,有关中国学的研究,武内义雄在东北大学开展先秦诸子的研究,金谷治、町田三郎(1932—2018)先生继起,钻研先秦两汉诸子学。有“九州二程子”之称的冈田武彦（1908—2004)、荒木见悟(1917—2017)两位先生于阳明学的再体验与儒佛会通的阐述,皆有独见精到之处。津田左右吉(1873—1961)旁通中国经学、先秦诸子学与日本文化史学，与内藤湖南分庭抗礼，或可谓之为日本中国学界的东西双雄。东洋史学是代表明治时代的新学问,宫崎市定说:东洋史学是明治期日本人创立的学问,具有“日本的”,特别是“明治的”特色。至于“日本学”的研究,或从文化史学的视角、传统儒学史的远绍,探究日本儒学史的流变,或用西洋哲学史的方法,析理江户时代各学派的哲学,或以思想史的视野,架构日本思想史,或以“日本汉学问的两面性”、“国文学”的观点,论述日本汉文学史。要皆为近代学术的展开,而树立新的学问领域。再者,西洋哲学虽非中国学的领域,明治以来百余年的翻译诠释与梳理钻研,尤以西田几多郎(1870—1945)融合东西哲学而成就“西田哲学”为中心之“京都学派”的论辩述作,则是日本近代学术的结晶。

吴鹏付梓刊行《日本近代〈论语〉学史论》,为当代中国体系性论考日本近代《论语》学的先声,可资探索海外中国学究竟的参考。汉字文化圈的学术互通,转益多师,斯文若能斐然成章,则东亚汉学的崭新发展,当可开创二十一世纪文艺复兴的新局面。

连清吉

己亥年十一月 识于长崎

目 录

序 章

第一章　狩野直喜的《论语》学：日本近代《论语》学之起点

第二章　武内义雄的《论语》学：思想史学家的《论语》研究

第三章 吉川幸次郎的《论语》学：中国文学研究者的《论语》研究

第四章 贝塚茂树的《论语》学：中国古代史学家的《论语》研究

第五章　宫崎市定的《论语》学：东洋史学家的《论语》研究

终章：日本近代《论语》学与日本近代中国学的特质

序 章

第一节　研究缘起

笔者从硕士研究生阶段开始研究日本现代中国思想史学的创始者武内义雄，“武内学”可谓为笔者开启日本汉学研究的法门。武内义雄如何基于文献学树立思想史学的研究方法，是笔者当时所持的问题意识。硕士论文《武内义雄的中国思想史学》即以《中国学研究法》《〈老子〉之研究》《〈老子〉和〈庄子〉》《易与中庸之研究》《〈论语〉之研究》以及《中国思想史》等著作为基础文献展开。在研究中逐步发现，武内义雄在《论语》研究方面独具特色，其文本批判的方法和关于《论语》源流的学说，对当时学界影响颇大。故而，不禁产生深入研究武内义雄《论语》学的想法。

另外，在检讨“武内学”之时，对江户古学派儒者的学问亦有所接触，发现不少江户儒者以《论语》为中心阐述自家的学问与思想。不仅如此，上溯至古学派出现之前，作为江户正统官学的林家朱子学，同样以《论语》为中心展开。可见《论语》学是日本江户时代儒学的传统学术。而明治维新以后的近代日本汉学界同样热衷于研究《论语》。幕末明治初期的儒者根本通明[①]（1822—1906）在当时的东京大学讲授《论语》，存世《〈论语〉讲义》。

①[日]根本通明：日本幕府末期明治时代儒者、汉学家。出羽久保田藩藩士，尝任藩校明德馆教授、校长，后任东京帝国大学教授，担当汉学、汉语语学第二讲座。著有《周易复古筮法》《论语讲义》《老子讲义》。

同为东大教授的岛田篁村[①](1838—1898)虽然传世著作不多,但传承至今的《篁村遗稿》三卷中也收录《百济所献论语考》一文。而根本通明和岛田篁村的弟子狩野直喜则一方面继承江户儒学的传统,一方面力图革新传统汉学,在新兴的京都大学文科大学讲授《论语》。狩野直喜门下弟子众多,其中不乏后世学界之翘楚,虽然诸多弟子各有专攻,但大都注重《论语》的研究。由此可见,《论语》学是近世到近代日本汉学研究的传统。那么随着日本近代化程度的不断深入,作为传统学术的《论语》学与江户时代相比究竟有何不同?伴随日本近代中国学的形成,《论语》研究有何发展,呈现出何种特色?笔者带着这两个疑问,打算以《论语》学为中心,进一步探讨日本近代中国学。

日本近代以来有关于《论语》的论考种类繁多,实可谓汗牛充栋。就本书而言,从中甄选最具代表性者作为基本文献是十分关键的。通过严格筛选,笔者将研究范畴锁定为京都中国学派。

提起"京都学派"[②],自然想到日本最具代表性的哲学家西田几多郎。众所周知,在日本近代哲学的发展史上,西田几多郎可谓功不可没。此外,以狩野直喜、内藤湖南为代表的京都大学汉学家的研究业绩也十分辉煌。同样在京都大学这块崭新的学术阵地上,狩野直喜和内藤湖南,力图传统汉学的革新,致力于近代中国学的确立。经过此二人及其弟子的不断努力,京都大学发展成为能与中国北京和法国巴黎相比肩的世界三大汉学研究中心之一,这也是不争的史实。[③]正如泽田多喜男所言,京都中国学派的学问代表日本汉学的最高水准。[④]换言之,京都中国学即代表日本近代中国学。故而,本书的研究范围锁定于京都中国学派。

---

①[日]岛田篁村:日本幕末明治时代儒者、汉学家,历任昌平黉助教,学习院教授,东京大学教授。著有《篁村遗稿》《篁村文稿》。

②所谓"京都学派",一般而言指以西田几多郎、田边元及其门下的一系列哲学家形成的哲学派别。

③连清吉:《日本京都中国学与东亚文化》,台北:学生书局2010年版,第14页。

④李庆:《日本汉学史》(第五部 变迁和展望),上海:上海人民出版社2010年版,第193页。

本书选取狩野直喜、武内义雄、吉川幸次郎、贝塚茂树以及宫崎市定五位硕学关于《论语》的论著作为基本文献。其中，狩野直喜是京都中国学派的创始者之一，究明其讲义《〈论语〉研究》的学术价值与意义，对于构筑日本近代《论语》学史而言，是十分重要的问题。再者，明治维新以后，受西学影响，传统汉学开始向近代中国学转变，学问研究的专业化势在必行。换言之，传统汉学范围颇广，内涵驳杂，意思含糊，在近代化的过程中，渐次分化为中国哲学、中国文学、中国史学以及独具日本特色的东洋史学。而本书所甄选以狩野直喜为代表的五位学者皆为以上领域中公认的翘楚。中国哲学科出身的武内义雄以哲学思想研究为基础，完成文献学向思想史学的飞跃，其《〈论语〉之研究》恰恰显示了"武内学"的精髓所在。吉川幸次郎被誉为"日本中国文学研究之第一人"[①]，其关于《论语》的论著可谓中国文学研究《论语》的代表。贝塚茂树是中国古代史学家，被誉为"解读甲骨文的开拓者"[②]，其关于《论语》的若干论著，显示着古史研究者的学问特质。而东洋史学家宫崎市定被誉为"日本东洋史学界之巨峰"[③]，其著《〈论语〉之新研究》中蕴藏史家的研究立场和独具特色的学问方法。

总而言之，以上五位皆为各领域中最具代表性的学者，他们关于《论语》的论著可以说既是京都中国学派《论语》学，也是日本近代《论语》学最为典型的代表。所以，笔者认为，解析以狩野直喜为首的诸硕学的《论语》学论著，逐一究明特色所在，分析其间存在的相互关系，可以构筑日本近代《论语》学的学问系谱，进而还能从《论语》学这一侧面，论究日本近代中国学的特质。

---

①[日]沟上瑛：《吉川幸次郎》，江上波夫编著：《东洋学之系谱》第二集，东京：大修馆书店 1994 年版，第 270 页。

②[日]永田英正：《贝塚茂树》，江上波夫编著：《东洋学之系谱》第二集，东京：大修馆书店 1994 年版，第 285 页。

③[日]砺波护、间野英二：《东洋史学 宫崎市定》，砺波护、藤井让治编：《京大东洋学之百年》，京都：京都大学学术出版社 2002 年版，第 224 页。

在现今日本汉学史研究学界，关于日本《论语》学的系统性研究大都止步于江户时代，对日本近代《论语》学则鲜有涉及，这不能不说是日本汉学研究的一大缺憾。明治维新以后，随着日本近代中国学的形成与发展，作为近世汉学传统的《论语》学究竟有何嬗变？显现出何种特色？就此，本书将进行系统的论究，或可为学界提供一定参考。

第二节 相关研究及其问题点

迄今为止，以学术史的立场，综合、系统地研究日本近代《论语》学的论著尚未出现，但就日本的近代汉学学者，特别是关于本书选取的五位学者的研究著作却为数不少。以下，列举其中最具代表性者，分析其中的问题所在，并说明本书在相关研究基础之上的发展与创新之处。

1. 狩野直喜的相关前行研究

历来的狩野直喜研究①大都以狩野直喜在戏曲、杂剧、小说以及敦煌学领域中取得的辉煌业绩为中心，着重说明其学问生涯、文学风格，而对于他在《论语》研究方面的特色，包括《论语》研究中的特殊观点，讲义《〈论语〉研究》的特质等却鲜有言及。不过，吉川幸次郎曾经为狩野直喜的《〈论语〉〈孟子〉研究》（由《〈论语〉研究》和《〈孟子〉研究》两部授课讲义底稿汇编而成）撰写解题。解题首先概括讲义《〈论语〉研究》的内容，进而指出狩野直喜多采仁斋、徂徕以及太田锦城之说，并评价狩野直喜是日本理解清儒学问之第一人。另外还强调《〈论语〉研究》中提出的“环境条件”研究，为历来学者所闲却，可视为狩野直喜在古典研究方面所持的特殊态度。细玩

①关于狩野直喜的前行研究，请参见本书参考文献第一章。

吉川幸次郎的解题，笔者注意到其中存在的几个问题。

首先，讲义《〈论语〉研究》中确实屡屡征引仁斋、徂徕以及清儒的学说。但是，狩野直喜绝非单纯引用或援用，在继承江户儒者和清儒学说的基础上有所展开之处亦为数不少，且不少学说不同于江户儒者和清儒。而学术的进步，恰恰在于这些不同之处。这一点，吉川幸次郎并未明确指出。

其次，"环境条件"研究确实是讲义《〈论语〉研究》的独特之处，但吉川幸次郎在解题中并未明确说明"环境条件"研究究竟何所指。笔者看来，所谓"环境条件"研究，无非是以史家的立场进行古典的历史性探讨。另外，解题中也未就"环境条件"研究列举实例，不能不说是一大缺憾。

最后，解题中完全没有指出的是，无论是多采仁斋、徂徕以及清儒之说，还是重视"环境条件"研究，都表明了狩野直喜所持的一个基本观点——朱子学批判。换言之，朱子学批判是贯穿讲义《〈论语〉研究》的最基本观点。

本书首先参考前行研究，叙述狩野直喜的学术生涯，再以讲义《〈论语〉研究》为中心，结合吉川幸次郎撰写的解题，论究狩野直喜《论语》学的最基本观点，及其与江户古学、清朝考证学的关系，并列举实例说明"环境条件"研究的内涵，最后则以比较研究的方法，将讲义《〈论语〉研究》较以后世学者的《论语》论考，明确狩野直喜《论语》学在日本近代《论语》学史上的地位与意义。

2. 武内义雄的相关前行研究

迄今为止，关于武内义雄的诸多前行研究[①]大都以原典批判学为中心论述中国思想史学的研究方法，同时结合武内义雄的学究生涯叙述"武内学"形成的也为数不少。在众多前行研究中，《〈论语〉之研究》屡屡被作为例证使用，在说明《〈论语〉之研究》特色的基础之上，高度评价武内义雄原典批判的学问方法。笔者尝参考诸多前行研究撰写硕士学位论文《武内义

①关于武内义雄的前行研究，请参见本书参考文献第二章。

雄的中国思想史学》。其中以《中国学研究法》为基础文献论究武内义雄的文献考证学，以《中国思想史》为中心，并较以同时代学者（狩野直喜、小岛祐马、冯友兰）之论著，究明武内义雄所著《中国思想史》的特色所在，进而再以《〈论语〉之研究》《易与中庸之研究》《〈老子〉和〈庄子〉》等文献为实例，说明以训诂校勘为基础作业的文献学如何发展成为解析思想之流变的思想史学。

本书一方面继续踏袭诸多前行研究和笔者的硕士学位论文；另一方面则改变研究视角，变换切入角度，以《〈论语〉之研究》为基本文献，通过解析该书，从《论语》学这一侧面，探究“武内学”的特质。

3. 吉川幸次郎的相关前行研究

关于吉川幸次郎的诸多前行研究[①]中，论述吉川幸次郎的学究生涯以及在中国文学研究方面之特色者居多，而且大多强调其于杜诗学研究和元杂剧研究领域中所取得的辉煌业绩。其中只有李庆和兴膳宏以《〈尚书〉正义定本》为例，说明吉川幸次郎在经学方面的特长。但遗憾的是，两者均未言及吉川幸次郎在《论语》研究方面所持的特殊观点，与《论语》学方面的研究立场与研究特色。另外，还忽略了吉川幸次郎自身特别强调的中国精神史研究。

本书首先参考诸多前行研究简略叙述吉川幸次郎的学术生涯，在若干领域中的业绩以及学问风格和特色。其中特别强调《中国精神史叙说》的学术意义，以补足历来研究的缺憾。再从吉川幸次郎诸多研究《论语》论著中甄选典型者作为基础材料，通过比较研究，实证性的论究吉川幸次郎《论语》学的特色和特殊观点。

4. 贝塚茂树的相关前行研究

《东洋学之系谱》（第二集）中收录有永田英正的《贝塚茂树》，李庆的《日本汉学史》（第三部）中也有关于贝塚茂树的内容。综合二者，大体上可

①关于吉川幸次郎的前行研究，请参见本书参考文献第三章。

以了解贝塚茂树的学术生涯和学术特色。笔者的研究重点在于《论语》学，所以在笔者看来，这两部前行研究皆有不足之处。[1]永田英正的文章主要讲述贝塚茂树在甲骨文、金文方面的研究业绩，虽然也提到“古代都市国家说”，但用墨不多，不足以说明贝塚茂树的学理。此外，对于《论语》学则完全没有言及。而李庆则将贝塚茂树关于《论语》和孔子思想的论说视为中国文化史领域的研究业绩，且并未说明贝塚茂树所持特殊观点以及研究特色。

另外，吉川幸次郎曾经撰写《贝塚茂树氏的〈论语〉〈孟子〉》，以中国文学研究者的独特视点和立场，批判贝塚茂树的《论语》字句的训读，但并未明确贝塚茂树的训读方法中包含何种语言学的方法。金谷治在所著《贝塚先生和新释古》中详细论述“新释古”的内涵，以及形成“新释古”研究立场的学术环境，并高度评价《〈论语〉的成立》是贝塚茂树“新释古”的重要成果之一。但金谷治关于《〈论语〉的成立》的论述极为简略。笔者以为，只有详细解析《〈论语〉的成立》，才能最大限度领悟贝塚茂树所谓“新释古”的精粹之处。

本书首先参考永田英正和李庆的著作简要叙说贝塚茂树的学术生涯及其学问，再以其所著《孔子》和《孔子和子产》为中心，论究贝塚茂树作为中国古代史学家研究《论语》的特色，并详尽解析《〈论语〉的成立》一文，说明“新释古”的研究立场和方法之究竟，再加以比较研究，围绕吉川幸次郎和贝塚茂树关于《论语》训读的争论，探究贝塚茂树的训读中提示的学问方法，说明他在《论语》学方面所持的特殊观点。

5. 宫崎市定的相关前行研究

一直以来关于宫崎市定的研究[2]大都着眼于学术生涯、学问特色以及在史学研究方面的业绩，言及《论语》学的人颇为罕见。而小仓方彦的论文《〈论语〉之新研究》是研究宫崎市定《论语》学最具代表性与参考价值的著

---

①关于贝塚茂树的前行研究，请参见本书参考文献第四章。

②关于宫崎市定的前行研究，请参见本书参考文献第五章。

作，全文以宫崎市定所著《〈论语〉之新研究》为研究对象，分别说明宫崎市定在“历史篇”“考证篇”“译解篇”中的特殊观点。小仓方彦主张“历史篇”可以视为“《论语》研究史之概观”[①]，并以《论衡·正说》的文献批判为中心，说明宫崎市定反对武内义雄“《论语》成立说”的理由。关于“考证篇”，小仓方彦则列举宫崎市定关于《论语》文本及注释的若干观点，指出这些观点乃学界人所未言的创见，并强调“自由解读《论语》”[②]是宫崎市定研究《论语》的基本态度。而关于“译解篇”，小仓方彦并未详加评论，只主张“译解篇”是“考证篇”中“关于训诂的疑问”一章的继续，其中不乏宫崎市定关于《论语》解释方面的新观点。

总而言之，小仓方彦的论文是宫崎市定《〈论语〉之新研究》最详细的“解题书”，具有很高的参考价值。但是，笔者依然注意到其中存在若干问题。

首先，毋庸置疑，“历史篇”确为“《论语》研究史之概观”。但《〈论语〉之新研究》中，宫崎市定爬梳《论语》研究史之同时，还辨析中国经学发展的历程和孔子地位变迁的经纬。可以说，“历史篇”蕴藏着宫崎市定独特的古典研究方法。其次，虽然小仓方彦说明“考证篇”中不乏宫崎市定的特殊观点，可谓当时学界中的创见。但遗憾的是，并未言明这些创见产生的根源，即与宫崎市定学问立场、治学态度的关系。另外，小仓方彦的论述中也没有比较研究，欠缺说服力。最后的“译解篇”虽然是“关于训诂的疑问”一章的继续，宫崎市定在此章中还提出了独具特色的“意译”翻译方法。这一点，小仓方彦的论文中完全没有言及，不得不说是一大缺失。

本书首先参考诸多前行研究，整理宫崎市定的学究生涯及其学理，再基于《〈论语〉之新研究》的解析，并加以与其他学者《论语》论著的比较研究，说明宫崎市定《论语》研究的特色所在，进而究明其所谓“新”究竟何所

①[日]小仓方彦:《〈论语〉之新研究》,东京:研文出版 1978 年版,第 182 页。
②[日]小仓方彦:《〈论语〉之新研究》,东京:研文出版 1978 年版,第 188 页。

指,以及"新"之所以堪为"新"之究竟。

以上为拙著的前行研究状况以及笔者的研究动机。另外,撰写本书的最终目的并非仅仅止步于探究日本近代《论语》学的特色,而在于自学问嬗变的角度,厘清日本近代《论语》学发展史的经纬,构筑日本近代《论语》研究的学问系谱,进而从《论语》学这一侧面,说明日本近代中国学的特质所在。

拙著的研究方法主要以文献研究为中心,加以比较研究。武内义雄尝以清儒王引之的"舌人意识"[①]作为自身学究生涯的座右铭,以采用语言学研究方法如实传达古典的意义作为自身为学之使命。笔者亦欲仿之,通过文献解析和比较研究,解明日本近代典型《论语》论著的特色,论究各位硕学的研究动机、研究方法及其所持的特殊观点,并加以笔者个人的理解和解释,最终如实再现日本近代《论语》学最为原始、最为真实的相貌。其中同样贯穿着笔者个人的"舌人意识"。如果说《论语》是狩野直喜等诸硕学的"古典",那么日本近代汉学家的《论语》论考即为笔者的"古典"。

①所谓"舌人"一语出自清儒王引之,意为古代语言的翻译者。而所谓"舌人意识"即为正确解释古代语言的意义,将古代语言如实翻译为现代语的学问意识。源自[日]武内义雄:《武内义雄全集》卷9(思想史篇二),东京:角川书店1979年版,第428–429页。

第三节　日本江户古学派的《论语》研究：日本近代《论语》学的先驱

虽然本书之主旨在于究明以狩野直喜为代表的日本近代汉学家《论语》研究的特色，但任何学理地树立和学问的嬗变皆不可能一蹴而就，与上代学人孜孜励学的业绩存在着千丝万缕的联系。就《论语》学而言，伊藤仁斋和荻生徂徕等江户古学派的《论语》注疏对日本近代汉学家的影响颇大，决不可忽视。譬如，考证之学是日本近代汉学的学问基础，"舌人意识"可谓日本近代汉学家共通的学问意识，反朱子学是日本近代汉学的基本立场，而这些皆可寻根溯源至江户古学。由此可见，日本近代《论语》学是基于江户古学派的学问之上成立的。故而，进入本书主题之前，有必要回顾江户古学派儒者的《论语》注疏。

17世纪初日本进入江户时代后，藤原惺窝[①]（1561—1619）弃佛转儒，遵循朱子新注解读《四书》，尝训点"四书""五经"。遗憾的是，藤原惺窝的训点文稿既已散逸不传。之后，其弟子林罗山[②]（1583—1657）于洛中（京

①[日]藤原惺窝：日本战国时代至江户时代前期的儒者，著有《寸铁录》《千代も草と》《文章达德纲领》。

②[日]林罗山：日本江户初期朱子学派学者，仕于德川家康，连任家康之后四代将军的侍讲。著有《林罗山先生文集》《本朝神社考》以及《丙辰纪行》等。

都）讲义朱注《论语》，此后德川时代的二百六十年间，朱子学成为日本儒学的主流。18 世纪初，乃有反朱子学一派勃兴，即古学派。所谓“古学派”是指基于对朱子学的反省与批判，主张回归孔孟之原始精神的诸多学派的总称。[1]井上哲次郎曾经指出，山鹿素行[2]（1622—1685）、伊藤仁斋、荻生徂徕是古学派的代表人物。[3]山鹿素行未曾著述《论语》，之后乃有伊藤仁斋著《〈论语〉古义》，提倡“古义学”，荻生徂徕著《〈论语〉徵》，彰显“古文辞学”。18 世纪末，又有龟井南冥《〈论语〉语由》问世，19 世纪末进入明治时代，安井息轩编纂完成《〈论语〉集说》。毋庸置疑，仁斋和徂徕是“古学派”的代表儒者，而龟井南冥虽然受徂徕影响颇大，但未必是徂徕的忠实祖述者。另外，安井息轩对汉唐古注极为尊崇，故而能否视其为古学派也异议颇多。就这一问题，金培懿曾经指出，南冥与息轩的学风不像朱子学派和阳明学派儒者一般注重究极形而上的理论，而是以文本研究的方法，力图究明儒学经典的原始意义。这和仁斋、徂徕为代表的古学派的学问风格存在显著的共通性。故而，可以将二者纳入古学派的范畴。[4]另外，南冥和息轩皆不好宋明理学的空疏学风，尊崇清朝考证学实证主义的学问方法和学问风格。因此南冥被称为“日本考证学方法的创立者”，息轩则被誉为“日本考证学的集大成者”。[5]可见，在尊崇考证学这一点上，二者与后世的京都中国学派一脉相通。故而，笔者认为，欲充分理解狩野直喜、武内义雄等为代表的京都中国学派的《论语》研究著作，必须要重新整理和认识南冥的《〈论语〉语由》和息轩的《〈论语〉集说》。

---

①金培懿：《江户古学派〈论语〉注释史研究》，福冈：九州大学大学院文学研究科博士论文，2000 年 6 月，第 11 页。

②［日］山鹿素行：日本江户前期的儒者、军事学家，“山鹿兵法流”创始者，日本江户古学派始祖。

③［日］井上哲次郎：《日本古学派之哲学》，东京：富山房 1936 年版。

④金培懿：《江户古学派〈论语〉注释史研究》，福冈：九州大学大学院文学研究科博士论文，2000 年 6 月，第 16 页。

⑤连清吉：《日本江户时代的考证学家及其学问》，台北：学生书局 1998 年版。

一、伊藤仁斋及其《〈论语〉古义》

伊藤仁斋（1627—1705），江户中期京都儒者，名维桢，字源佐，号仁斋、敬斋。十一岁的仁斋初读《大学》后，立志一心治学。最初沉迷朱子之学，后遇种种疑惑，又钻研阳明之学乃至释老之学。三十五岁之后，仁斋终于走出学海迷茫，意识到由于受朱子学和阳明学的影响，自身所论既已远离孔孟真意，而趋于释老之学。仁斋认为，探究孔孟之真正精神不可依据后世的诸多注释，应该严格立足《论语》和《孟子》的文本。三十六岁时，仁斋完成《〈论语〉古义》。四十二岁时，主张宋学家所尊崇的《大学》并非孔子之作，进而提倡通过考证古典文献文字的本义探究孔孟思想的学问方法。从而树立所谓“古义学”。《〈论语〉古义》十卷、《〈孟子〉古义》七卷、《语孟字义》二卷以及《童子问》三卷乃为仁斋的代表性著作。①

《〈论语〉古义》总论部分，仁斋云：

> 《论语》一书，万世道学之规矩准则也。其言至正至当，徹上徹下，增一字则有余，减一字则不足。道至乎此而尽矣，学至乎此而极矣。犹天地之无穷，人在其中而不知其大。同万事而不变，准四海而不违。于乎大矣哉。②

“万世道学之规矩准则也”可谓仁斋的“《论语》观”。换言之，《论语》是仁斋自身学问研究的最高基准。吉川幸次郎曾经指出，对于仁斋而言，所谓学问即为探究人的真理——道，通过研究人本身，使人得以成长。仁斋自身学问研究的基准是为“道”——蕴含真理的圣人言语，可以说包括全部儒

①[日]井上哲次郎：《日本古学派之哲学》，东京：富山房1936年版，第135-171页。
②[日]伊藤仁斋：《〈论语〉古义》，东京：凤出版1973年版，第3页。

家经典。而其中尤为堪当基准者,非孔子的言行录——《论语》莫属。[①]由此可见,在仁斋看来,《论语》比同为儒家经典的“六经”或“五经”拥有更重要的学术意义。所以,仁斋主张必须依据《论语》领悟孔子的真意,探究人的真理——“道”。

如上所述,仁斋极为尊崇《论语》,称其为“最上至极宇宙第一书”[②],倾毕生精力研究《论语》,著作《〈论语〉古义》《语孟字义》,以探究孔子思想的实相。而《〈论语〉古义》是仁斋最为倾注心血的著作,造诣颇深。仁斋长子伊藤东涯尝感叹道:“(仁斋著《论语》)齿未强壮,已草此解……改纂补辑,向五十霜,稿凡五易。”[③]另外,《〈论语〉古义》“总论”中,仁斋也自负道:“得发明千载不传之学于《语》《孟》二书,故敢摅鄙见,不少隐讳,非臆说也。”[④]所以,《〈论语〉古义》可谓仁斋学究生涯的代表性著作。

1. 仁斋著作《〈论语〉古义》的动机:批判朱子学

前文所述,仁斋初从朱子学,后治阳明学,逐渐意识到两者皆难以体得孔子真意。于《同志会笔记》中,仁斋尝云:

> 孔孟之学,注家厄久。汉晋之间,多以老庄解之;宋元以来,混之以禅学。学者习之既久,讲之既熟,日化月迁,其卒全为禅学之见解。于孔孟之旨,茫乎不知其何物。[⑤]

可见仁斋对传统学术的反省和批判。基于对传统学术的反省和批判,仁斋

①[日]吉川幸次郎:《仁斋 徂徕 宣长》,东京:岩波书店1975年版,第50页。

②[日]伊藤仁斋:《〈论语〉古义》(总论)《日本名家四书注释全书》卷3(论语部一),东京:凤出版1973年版,第4页。

③[日]伊藤東涯:《〈论语〉古义》(序),《日本名家四书注释全书》卷3(论语部一),东京:凤出版1973年版,第2页。

④[日]伊藤仁斋:《〈论语〉古义》,(总论),《日本名家四书注释全书》卷3(论语部一),东京:凤出版1973年版,第4页。

⑤[日]伊藤仁斋:《同志会笔记》,《伊藤仁斋·伊藤东涯》,吉川幸次郎,清水茂共著,《日本思想大系》33,东京:岩波书店1971年版,第287页。

进而提出“古义学”的研究方法:通过考证古典文字的本义,把握孔孟思想的本质。最初彰显“古义学”的著作即为《〈论语〉古义》十卷。于此书的总论叙由部分,仁斋指出:“自宋以来,说《论语》者,盖数百家。然而多出其意见,淆以佛老之说,则不可据以为信。”[①]通览《〈论语〉古义》十卷则不难发现,仁斋所言“淆以佛老之说”者,殆指以朱子为代表的宋儒学说。譬如,“道者,言物当然之理”[②]“至道难闻”[③]云云,乃朱子关于“道”的认识。而仁斋于《〈论语〉古义》中则指出:

> 宋儒每发前圣所未发为功,殊不知圣人之言,徹上徹下,无所不备,无所不到,岂复有所未发,而必待后人之发之邪。若孟子“行善”“养气”等说,皆为仁义而发,本述夫子之言也。先儒以为,发前圣之所未发,而亦自欲以其说附于孟子之后。“持敬”“主敬”等说,种种继作。而其论道,必曰:“虚灵不昧”;必曰:“冲漠无朕”;必曰:“明镜止水”;必曰:“体用一源,显微无间”。其言皆出于佛老之绪余。而至于吾孔孟之书,则本无此语。谓之“述而不作,信而好古”,可乎?其是非得失,不待辩而明矣。[④]

仁斋批判宋儒关于“道”的解释大都脱离《论语》《孟子》文本,且受释老思想影响颇深,故而过于玄虚。基于对宋儒学说的批判,进而主张:“夫道者,人之所以为人之道也”[⑤],说明孔孟所谓之“道”,实乃人伦日用之道。

①[日]伊藤仁斋:《〈论语〉古义》,《总论》,《日本名家四书注释全书》卷3《论语部一》,东京:凤出版1973年版,第2页。

②(宋)朱熹:《四书集注章句》,《钦定四库全书荟要》,长春:吉林出版集团有限责任公司2005年版,第27页。

③(宋)朱熹:《四书集注章句》,《钦定四库全书荟要》,长春:吉林出版集团有限责任公司2005年版,第33页。

④[日]伊藤仁斋:《〈论语〉古义》,《日本名家四书注释全书》卷3(论语部一),东京:凤出版1973年版,第94页。

⑤[日]伊藤仁斋:《〈论语〉古义》,《日本名家四书注释全书》卷3(论语部一),东京:凤出版1973年版,第50页。

在仁斋看来，宋儒对《论语》篇章字义的解释具有浓厚的佛教、老庄哲学色彩，与孔孟思想的原始意义相去甚远。而仁斋自身对《论语》的释义，恰恰就是基于对宋儒学说的批判而展开。由此可见，朱子学批判是仁斋著作《〈论语〉古义》的动机。

2. “上《论》”与“下《论》”：日本《论语》原典批判的先驱

关于《论语》的成书，日本近代汉学家有诸多学说，其中以武内义雄、贝塚茂树的观点最为独特。但从日本近代《论语》学的学问系谱而言，这些学说大都是基于仁斋《论语》原典批判的结论而展开。所以，笔者认为，有必要回顾仁斋的“上、下《论》”之说。于《〈论语〉古义》“总论”部分，仁斋云：

> 《论语》二十篇，相传分“上下”，犹后世所谓“正续集”之类乎。盖编《论语》者，先录前十篇，自相传习。而又次后十篇，以补前所遗者。故今合为二十篇云。何以言之？盖观“乡党”一篇，要当在二十篇，而今嵌在中间，则知前十篇既自为书。且详其书，若“曾点言志”“子路问正名”“季氏伐颛臾”诸章，一段甚长。及“六言六蔽”“君子有九思三戒”“益者三友”“损者三友”等语，皆前十篇所无者。其议论体制，亦自不与前相似。故知后十篇，乃补前所遗者。①

仁斋主张：现行本《论语》二十篇昔日以“乡党”为界分为“上《论》”和“下《论》”。“上《论》”十篇首先问世，若干年后，“下《论》”十篇问世，乃作为“上《论》”之增补。其依据为：第一，“乡党”本应为最后一篇，但现行本却置于第十篇，是为“上、下《论》”区分依据之一；第二，“上《论》”与“下《论》”无论内容或文体，皆颇为不同，是为“上、下《论》”区分依据之二。

《论语》是儒学神圣的经典之一，不可妄加批判，乃古来儒者的治学前

---

①[日]伊藤仁斋：《〈论语〉古义》总论，《日本名家四书注释全书》卷3（论语部一），东京：凤出版1973年版，第2页。

提。乃至仁斋，始开批判经典之学风。事实上，此种批判主义的学问意识不仅兴盛于江户时代，甚至风靡近代日本学界。譬如，仁斋之后，徂徕弟子太宰春台著《〈论语〉古训外传》，不仅祖述仁斋"上、下《论》"之说，且赋予其八条依据，论述更为详尽，加强了实证性。[①]另外，武内义雄亦基于仁斋的"上、下《论》"之说，援用目录学的方法，究明《论语》的源流。所以，伊藤仁斋可谓日本原典批判学的先驱。

3.《〈论语〉古义》的注释方法及其特色：求"古义"

就《〈论语〉古义》的注经方法而言，仁斋对《论语》的注释大体由三部分构成：经文之下加注文为第一部分，章末附注释是第二部分，以"论曰"的形式引出的注文乃第三部分。其中，第一部分训诂字句，第二部分和第三部分中不乏仁斋个人的创见。

黄俊杰曾经在《德川日本〈论语〉诠释史论》中详尽论述《〈论语〉古义》的注释特色，明确指出，仁斋以究明孔子思想原貌为目的的《论语》注释，在研究方法方面具有两个明显的特色。第一，以训诂学的方法解释经本文字的意义，再将《论语》中所载孔子的语言还原至原始语境——孔子生活的时代，以求文字的"古义"。仁斋使用这种方法，颠覆了不少宋儒的解释。第二，穷究诸多经典中共同的义理，用于阐释《论语》经义。所谓"诸多经典"之中，仁斋最为尊崇《孟子》。在仁斋看来，《孟子》是正确解释《论语》的依据，尝以"心之官则思，思则得之"[②]解释"季文子三思而后行"[③]的语义和经义。当然，在《〈论语〉古义》中，以《诗经》《尚书》《易经》《中庸》《春秋》为依据之处亦为数不少。[④]简而言之，以"训诂学"为方法的语义研究和以《孟子》为依据的经义研究，是《〈论语〉古义》注释方面的特色。

此外，金培懿解析《〈论语〉古义》注释方法也颇为细致，堪当参考。金

①[日]武内义雄：《〈论语〉之研究》，《武内义雄全集》卷1，(论语篇)，东京：角川书店1978年第2版，第41页。
②《孟子·告子上》。
③《论语·公冶长》。
④黄俊杰：《德川日本〈论语〉诠释史论》，台北：台北大学出版中心2006年版，第109–121页。

培懿于《江户古学派〈论语〉注释史研究》中指出，《〈论语〉古义》中的“论曰”部分是仁斋所阐释出《论语》的“意义”。而究明此种“意义”，必须依据“孟子曰”部分的引用文加以论断，因为《论语》和《孟子》同属圣人“血脉”。还要根据“文势”——《论语》文章的行文语气和文脉，判断“孔门弟子等《论语》编纂者的意图”，决定“古义”的真正内涵。而从来未被重视的“字意”，大都以“朱子曰”的形式引用《〈论语〉集注》的注文。但仁斋并非单纯引用“朱注”，而是基于对“朱注”的批判，对朱子的释义选择取舍，排除不合理的解释，重新组织引文，构筑“字意”的诠释系统。①

简而言之，仁斋注释《论语》，疏通经义，究明“古义”，基于四个不可欠缺的要素——“意义”“血脉”“文势”“字意”，这是《〈论语〉古义》在注释方面的最大特色。其中，金培懿所言仁斋依据《孟子》探究《论语》的“意义”，以及批判朱子《集注》，进行选择取舍，进而阐明“字意”，此两点与黄俊杰的观点颇为一致。

要之，仁斋注释《论语》的特色凡三处：训诂文字、批驳朱注、以《孟子》作为阐明《论语》经义的依据。作为江户儒者的仁斋，并不拘泥于朱子新注，为求孔子思想的真意，追求“古义”，以训诂之学为方法，究明语义；以孔孟“血脉”为依据，阐明经义。最重要的是，基于批判主义学问观的文献批判作业贯穿始终。考证《论语》成书经纬，甄别经本真伪和信凭性，是仁斋注释《论语》的前提。而后世近代日本汉学家，特别是京都中国学派的学者，大都继承了仁斋的学问风格、学问方法以及治学态度，“仁斋学”可谓日本近代中国学形成的原动力。

二、荻生徂徕及其《〈论语〉徵》

荻生徂徕（1666—1728），日本江户中期儒者，名双松，字茂卿，号徂

①金培懿：《江户古学派〈论语〉注释史研究》，福冈：九州大学大学院文学研究科，博士论文，2000年，第61–71页。

徕，人称“总右卫门”。徂徕初修朱子之学，之后受明代儒者李攀龙、王世贞影响，确立“古文辞学”的学问方法，不但力辟朱子学，亦批驳仁斋的“古义学”。

吉川幸次郎认为，徂徕的学问生涯概可分为三个时期：

第一时期截至徂徕四十岁前后。这一时期内的徂徕无异于其他江户儒者，儒学以程朱学说为尊，文学则以宋代文学为旗帜，治学中心在于语言学。第二时期大致自徂徕四十岁到五十岁。在此期间，徂徕开始摆脱宋代文学的束缚，提倡李攀龙、王世贞的“古文辞”，对江户文坛影响颇大。虽然徂徕在这一时期堪当文学创作者，但儒学研究依然恪守程朱之学，没有任何突破。从五十岁开始直至六十三岁离世，是为徂徕学术生涯的第三个时期。在此期间，徂徕彻底与宋儒学说诀别，以“古文辞学”作为学问方法，树立自家的经典研究方法论。[①]《弁名》《弁道》《学则》以及《〈论语〉徵》是为徂徕最有名的著作。《弁名》究明“道”“德”“仁”“智”“圣”“礼”“义”等儒家经典中出现的基本词汇的意义。《弁道》主旨于论“道”。此两部著述主要阐述徂徕的哲学思想。[②]而《学则》乃徂徕自身的学问方法论，或可谓徂徕倡导的古典研究法。徂徕认为语言不仅拥有语言本身的含义，还拥有语言表达的主体和客体，所以主张以“直读”汉字的方法解读“古文辞”的世界——经典。可以说，徂徕试图通过这种方法，突破日本儒学的传统界限，开拓经典研究的领域，进一步探究古典的深意。同时，徂徕认为，所谓“古文辞”的世界即为“六经”，所以应该围绕“六经”展开对中国古代语言和文物典章制度的探讨，究明何谓“先王之道”。此即为“古文辞学”的学问方法论。[③]《〈论语〉徵》就是基于“古文辞学”的《论语》注疏。虽然《〈论语〉徵》是

①[日]吉川幸次郎：《仁斋·徂徕·宣长》，东京：岩波书店 1975 年版，第 50 页。

②[日]西田太一郎：《弁名 弁道 学则 徂徕集》之解题，《荻生徂徕》，吉川幸次郎、丸山真男、西田太一郎、辻达也平共著，《日本思想大系》36，东京：岩波书店 1973 年版，第 619-620 页。

③金培懿：《江户古学派〈论语〉注释史研究》，福冈：九州大学大学院文学研究科，博士论文，2000 年，第 110 页。

徂徕的代表著作，但成书年代不明。多数学者认为《〈论语〉徵》成书于《弁名》《弁道》之后，即1716年前后，徂徕五十二岁左右之时，初稿大体于1721年问世。[①]故而可以说，《〈论语〉徵》是徂徕学问圆熟后的著作，是“徂徕学”的代表，具有极高的学术价值和史料价值。

1. 徂徕著作《〈论语〉徵》的动机：力辟朱子学、批驳古义学

《〈论语〉徵》的〈题言〉部分，徂徕明确阐述为何著作《〈论语〉徵》：

> 后世先王之道弗明，豪杰士厚自封殖，以圣知自处，遂至于以“六经”为先王陈迹，独潜心斯书。然学不师古，非孔子之心矣，乃敖然自取诸其心以为解者。自韩愈而下，数百千家，愈繁愈杂，愈精愈舛，皆坐不师古故也。余学“古文辞”十年，稍稍知有“古言”。古言明而后古义定，“先王之道”可得而言也。独悲夫中华圣人之邦，更千有余岁之久，儒者何限，尚且哓哓然事坚白之辩，而不识孔子所传何道也……孟子有言曰：“无有乎尔，则亦无有乎尔。”岂谓今之时与。是以妄不自揣，敬述其所知；其所不知，盖“阙如”也。有故，有义，有所指摘，皆徵诸“古言”，故合命之曰《〈论语〉徵》。[②]

所谓“独潜心斯书”者，一方面指奉“四书”为至尊盛典的宋儒，另一方面也指奉《论语》为“最上至极宇宙第一书”的仁斋。在徂徕看来，无论如何也不能将《论语》的地位置于“六经”之上。而“自取诸其心以为解者”是在批评宋儒和仁斋的经典研究，无视经书成书时代，忽略属于该时代古代语言的特质，致使“先王之道”愈发不明。

对于徂徕而言，无论是宋儒还是仁斋，皆忽视“古言”的存在，《论语》

①[日]小川环树：《〈论语〉徵》解题，《荻生徂徕全集》卷4，东京：美玲书房1978年版，第713页。
②[日]荻生徂徕：《〈论语〉徵》，甲1オ－甲1ウ，《荻生徂徕全集》卷3，东京：美玲书房1977年版，第3–4页。

注释或参入宋学特有的术语和哲学意味,或添加古义学的“家言”和思想,导致《论语》的宋学化或古义学化,都有悖于《论语》原义。鉴于此,徂徕以“皆徵诸古言”作为注疏《论语》的方法,以“《论语》徵”为书名。

2.《〈论语〉徵》的注释方法及其特色:皆徵诸古言①

金培懿尝详细论述徂徕注释《论语》的方法,认为徂徕主要用两种方法解读《论语》:第一,通过搜集“古言”的方法,客观的、实证性的寻找古代语的使用实例,通晓文字的古义;第二,存疑之处以“阙如”的形式予以保留。②

通过金培懿的论述,至少可以看到徂徕治学的立场和态度。搜集“古言”是“古文辞学”的研究方法,其学问立场十分鲜明。而徂徕自身并不确信之处,以“阙如”的形式保留,说明其绝不固执己见,愿意与他人交换意见,为学态度十分谦逊。可以说,以实事求是为宗旨的实证主义是徂徕治学的立场和态度。

另外,黄俊杰尝指出徂徕基于三个观点施注《论语》,依据“古文辞学”解析“古言”之意味,既反对程朱之学,亦排击仁斋之学,是为《〈论语〉徵》的特色所在:第一,“道”乃“先王之道”;第二,“圣人”者,“先王”也;第三,“先王之道”唯存于“六经”。③在徂徕看来,孔子所谓“一贯之道”并非孔子之“道”,而是以尧、舜、禹、汤、文、武为代表的“先王之道”,孔子自身并非“圣人”,唯“先王”堪当“圣人”。另外,所谓“先王之道”载于孔子所学“六经”之中,故而“六经”的学术地位远超《论语》。由此可见,徂徕的“论语观”迥异于仁斋。所以,以“六经”为依据,究明中国古代语的意义,进而注释《论语》,是为《〈论语〉徵》最鲜明的特色。

要之,以“古文辞学”为学术基础,探究“古文辞的世界”——“六经”,通过“徵古言”的营为,确定古代语的意义,是徂徕注释《论语》的方法,也

①[日]荻生徂徕:《〈论语〉徵》,甲1オ-甲1ウ,《荻生徂徕全集》卷3,东京:美玲书房1977年版,第4页。
②金培懿:《江户古学派〈论语〉注释史研究》,福冈:九州大学大学院文学研究科,博士论文,2000年,第144页。
③黄俊杰:《德川日本〈论语〉注释史论》,台北:台北大学出版中心2006年版,第174页。

是《〈论语〉徵》的特色所在，既显示徂徕反朱子学的态度，亦揭起反古义学的旗帜。而且，从徂徕重“六经”而轻《论语》的态度中，亦可见其脱离宋明理学，向汉唐经学复归的倾向。另外，徂徕所谓“徵古言”实际上是指在广泛涉猎先秦古书的基础之上，归纳古代语言的使用例子，用语言学的方法研究古典，与清朝考证学家的语言学研究方法一脉相通。而徂徕的这种古典文献研究法大都为后世日本近代汉学研究者所继承。

三、龟井南冥及其《〈论语〉语由》

龟井南冥（1743—1814），日本江户中期九州筑前（福冈）儒者，名鲁，字道载、道哉，号南冥，世称“住水”。其父龟井听未虽是医师，但据说尝师事于徂徕。南冥自幼从学于父，十四岁时赴肥前莲池，拜徂徕派学僧大潮为师。继而赴大阪，在永富独啸菴门下学习医学。之后又至长州谒于山县周南，受“徂徕学”。1778 年，南冥被选拔为福冈藩儒医。1783 年，“东西学问所”创立，南冥成为西学（甘棠馆）祭酒，讲授“徂徕学”。而此时东学（修猷馆）则由贝原益轩派学者讲授朱子学，当时西学大有压倒东学之势。但 1790 年幕府实施“异学之禁”后，南冥以“失行失德”之名，罢官夺禄，且终身禁足。1806 年，在秋月藩藩主黑田长舒的帮助下，集南冥毕生学问之大成的著作——《〈论语〉语由》，在江户出版。1814 年，南冥火灾罹难，享年七十二岁。南冥的学问基于“徂徕学”有所展开，可以视为古学派儒者。另外，南冥及其子昭阳的学问都以《论语》学为中心展开。1793 年，即罢黜翌年，五十一岁的南冥终于完成《〈论语〉语由》二十卷。[①]

1. 何谓“语由”

关于“语由”的含义，南冥之子昭阳[②]（1773—1836）于《家学小言》中说：

①[日]町田三郎：《江户时代的汉学者》，东京：研文出版 1998 年版，第 63-71 页。

②[日]龟井昭阳：江户后期儒者，龟井南冥长子，筑前福冈藩藩儒，主著有《〈论语〉语由述志》《文谈》《读弁道》等。

> “语由”者，明圣语之所由出也……时事恒变，而人心不同。故仲尼之与人语，亦毋必，语语皆活动。故不知其理由，则见活物以为死物，是以大错……不知其所由则失穷矣。①

所谓“圣语之所由出”者，即为“语由”——孔子发言的理由、原因、所以。南冥认为，《论语》中孔子的发言皆以具体情况为背景，具有个别性。故而，明确孔子发言的“语由”，对于解释《论语》文字、阐释经义至关重要。基于这个观点，南冥考证《论语》中的对话，分析发生对话以及记录对话的背景，洞察孔子发言的原因理由，进而慎重确定语句的意义。

2.《〈论语〉语由》的特色：作为孔子讲述孔子②

《〈论语〉语由》凡二十卷，按照自“学而”“为政”“八佾”直至“尧曰”的篇目顺次排列。其中，“乡党”篇名之后附加若干解释说明，这是《〈论语〉语由》二十篇中的异例。各篇皆在《论语》经文之后标注“语由”，说明孔子与门人弟子间因何发生此类对话。“语由”不明者，则标注“阙如”。另外，“语由”并非显现于对话表面，而是隐藏于字里行间之处，则标注“微言”。“语由”之后，南冥另起一段列举诸家之说（也有仅举一家之言，并加以评论者）。南冥注疏《论语》不仅依据汉唐古注，对江户日儒的注释也颇为尊崇，多采仁斋、徂徕以及太宰春台之说，且屡屡将伊物二子之说较以朱子《〈论语〉集注》，品评其间优劣得失。

收录于《日本名家四书注释全书·〈论语〉部贰》的《〈论语〉语由》附有安井小太郎所撰《解题》，据此可大致了解南冥的学问及《〈论语〉语由》的特色所在。

首先，关于南冥的学问，安井小太郎曰：“既非汉唐之古学，亦非程朱

---

①[日]龟井昭阳：《家学小言》第三章，《龟井南冥·昭阳全集》卷6，福冈：苇书房有限会会社1979年版，第467页。

②[日]町田三郎：《江户时代的汉学者》，东京：研文出版1998年版，第72页。

之新学，取徂徕之所多，亦必墨守之。”[①]绝不固执立场，广采众说是为南冥治学的方法和态度，也是其注疏《论语》的方法和态度。《〈论语〉语由》凡例第三条中，南冥明确表露自身《论语》研究的立场：“古传《论语》，盖有数家焉。章段分合，文字有无，不无异同。今照诸本，且校阅先儒之说，择其善者而从之，详著各章下。”[②]

其次，安井小太郎指出“南冥学”的另外一处特质在于：“以大意事功为主，忽略义利王霸心性等说。”[③]可以说，“南冥学”并非宋儒所谓的性理之学，而是一种“经世济民”的实用之学。昭阳也评价其父曰：“先考之志在经世，不喜章句。《论语》可谓圣人活用活物之书也，特尊奉之。”[④]同时，《〈论语〉语由》凡例第八条中，南冥也说：“凡夫子对弟子之问，大抵率以就问者之所以之，而非独明其所问之义也……是为读此经之第一义，不可不识焉。”[⑤]所以，在南冥看来，《论语》中的对话皆有积极的实际目的性，绝非空谈。另外，凡例第十条中，南冥又指出，虽然颜渊、闵子、仲弓以德行著称，也需问“为邦”“为费宰”之事；子贡、子游、子夏以语言文学著称，也要做鲁、卫之相，莒父、武城之宰。故而可知，德行即为政事，培养语言文学方面的能力，也是为辅助政治。[⑥]在南冥看来，孔门弟子具备的所有美德和学问，终极目的都在于“经世济民”的大业。故而主张：“诵《论语》，而不问事业，唯理义是讲者，人谓之孔门之学，吾不信也。宋赵普曰：‘《鲁论》半部以

---

①[日]安井小太郎：《〈论语〉语由》，（解题），《日本名家四书注释全书》卷4（论语部弍），东京：凤出版1973年版，第2页。

②[日]亀井南冥：《〈论语〉语由》，（凡例），《亀井南冥·昭阳全集》卷1，福冈：苇书房有限会会社1978年版，第16页。

③[日]安井小太郎：《〈论语〉语由》，（解题），《日本名家四书注释全书》卷4（论语部弍），东京:凤出版1973年版，第2页。

④[日]亀井昭阳：《家学小言》第三章，《亀井南冥·昭阳全集》卷6，福冈:苇书房有限会会社1979年版，第468页。

⑤[日]亀井南冥：《〈论语〉语由》，（凡例），《亀井南冥·昭阳全集》卷1，福冈:苇书房有限会会社1978年版，第16–17页。

⑥[日]亀井南冥：《〈论语〉语由》，（凡例），《亀井南冥·昭阳全集》卷1，福冈:苇书房有限会会社1978年版，第17页。

定天下',千古格言。"[①]

另外,关于《〈论语〉语由》的特色,安井小太郎说:"以为《论语》《孟子》有一大相违,而不好以《孟子》说《论语》……是为南冥与世儒大所异也。"[②]换言之,不基于《孟子》解释《论语》是《〈论语〉语由》与历来《论语》注释书之间存在的尤为显著的区别。南宋以后,朱子学确立,"孔孟合体论"成为学界定论,一般认为孔子思想和后世孟子思想是同一系统。南冥则认为,在"孔孟合体论"的影响下,后世儒者动辄恣意曲解孔子之语,世间所传孔子大义既已歪曲,必须通过诠释《论语》,探究原始的"孔子像"。町田三郎称南冥的方法为"作为孔子讲述孔子"[③]。仁斋尝基于对宋学的反省,意识到朱子学派通过诠释"四书"描绘出的"孔子像"并非真实,自身则以《孟子》解释《论语》的篇章字句;徂徕重视《荀子》的"制度论",试图以文物典章制度理解孔子思想。而南冥则否定朱子学、仁斋学以及徂徕学的观点,主张研究者必须彻底以孔子自身的立场,揣摩孔子真意。故而主张,掊击迩来已久的学界定论"孔孟合体论",将孔子和孟子视为个体研究对象,正确把握"语由",将古代语回归时代语境,力辟空理空论的空疎学风。[④]关于南冥的学问,町田三郎和荒木见悟观点一致。[⑤]

要之,南冥注疏《论语》,本着绝不固执己见,广采众家之说的折中态度,考证《论语》中对话的内容,究明"语由"——对话发生的原因、理由以及时代背景,在洞悉"语由"的基础之上,慎重确定篇章字句的意义。这是《〈论语〉语由》的特色所在。由此可见,虽说南冥对汉唐注疏学,以及伊物二子的"古义学"和"古文辞学"有所继承,但同时也有意回避汉唐儒者穷

①[日]龟井南冥:《〈论语〉语由》,(凡例),《龟井南冥·昭阳全集》卷1,福冈:苇书房有限会会社1978年版,第17页。

②[日]安井小太郎:《〈论语〉语由》,(解题),《日本名家四书注释全书》卷4论语部弍,东京:凤出版1973年版,第2页。

③[日]町田三郎:《江戸时代的汉学者》,东京:研文出版1998年版,第72页。

④[日]町田三郎:《江戸时代的汉学者》,东京:研文出版1998年版,第72页。

⑤[日]荒木见悟:《龟井南冥 龟井昭阳》,丛书《日本的思想家》27,东京:明德出版社1988年版,第90–91页。

究字义训诂的学风，且克服伊物二子注释中的恣意性，基于“作为孔子讲述孔子”的态度，通过探求“语由”的方法，力求解明孔子思想的真意。金培懿尝指出：“《〈论语〉语由》引导日本古学派的《论语》注释史由‘明学’步入‘清学’。”[①]换言之，南冥的《〈论语〉语由》于某种程度上融合了古学和考证学，于《论语》学史具有非凡的意义。

四、安井息轩及其《〈论语〉集说》

安井息轩（1799—1876），名衡，字仲平，号息轩。内藤湖南[②]尝于《先哲的学问》中盛赞息轩为“德川时代最后的儒者”。[③]息轩初从父安井沧州修“古学派”之学，二十岁左右师从大阪儒者莜崎小竹[④]（1781—1851）。四年后，二十六岁的息轩在古贺侗庵[⑤]（1788—1847）的推荐下，入学昌平黉，研习江户幕府正统儒学朱子学。息轩二十八岁时，师从松崎慊堂[⑥]（1771—1844），学习“古学派系”的学问。所谓“古学派系”属于汉唐注疏之学，主张一字一句严格按照古代原义解释，绝不允许恣意附加演绎。虽说息轩师事松崎慊堂仅一年，但收获却成为其终身学问的基础。自1827年息轩告别松崎慊堂回乡之后，一直埋头钻研“古学派”的学问。之后，又与其父内藤沧州共同创立藩校振德堂，教授古学。1862年，六十四岁的息轩受将军德川家茂拜谒，任昌平黉教授。这是昌平黉首次任用非朱子学派的儒官，史

①金培懿：《江户古学派〈论语〉注释史研究》，福冈：九州大学大学院文学研究科，博士论文，2000年，第273页。

②［日］内藤湖南：日本近代文化史学家，京都中国学派创始人之一，主著有《日本文化史研究》《研几小录》等，后收录入《内藤湖南全集》全14卷。

③［日］内藤湖南：《先哲的学问》，《内藤湖南全集》卷9，东京：筑摩书房1977年版，第443页。

④［日］莜崎小竹：日本江户时代后期儒者、书法家，主要著有《小竹诗文集》《小竹斋诗钞》《小竹斋文稿》等。

⑤［日］古贺侗庵：日本江户时代后期儒者，出仕昌平黉，尝任佐贺藩藩士教授，主著有《今齐谐》《海防臆测》等。

⑥［日］松崎慊堂：江户末期儒者，挂川藩藩儒，主著有文集《慊堂遗文》二卷、日记《慊堂日历》二十四卷等。

无前例。息轩六十六岁,《〈管子〉纂诂》刊行,七十岁完成巨著《〈论语〉集说》,七十五岁著作《弁妄》,批判基督教。三年后去世,享年七十八岁。[①]

1. 安井息轩的学问及其学术环境

自息轩出生至宽政年间,日本一直处于"异学禁止"时期。同时,日本传统学术本身也正面临质的转变。无论朱子学或古学派,皆为以政治实践为志向的思想集团,而次第勃兴的折中学派和考证学派则渐渐远离政治舞台,追求知识的积累与学术的进步。换言之,这种质的转变是一种由实践主义向兴趣主义的变迁推移。这种转变同时也意味着,历来的学术立场大都按照时间的序列把握传统学术,而经过这种质的转变,则发展成为横向比较传统学术,择其善者而从之的学术立场。对于原本没有本土哲学思想的日本学人而言,突然袭来的朱子学、阳明学、汉唐注疏学以及清朝考证学,简直是一种学问的泛滥。为了应对如此学问泛滥的状态,必须摄取外来思想。从某种意义上而言,是一种学问的外在化。简而言之,是不论传统与派别,唯善者而从的态度。[②]

息轩学问的特质正是形成于这样的学术环境之下。连清吉尝指出,虽然息轩尝于昌平黉修朱子之学,然其经典研究主要还是依据汉唐古注,注重字义训诂,且绝不拘泥学派之别,能公平审视甄别历来的一切学说。息轩注疏经典,对于汉唐注疏学、宋明性理学、清朝考证学以及江户古学等历代注疏持比较公平态度,凡符合经典原义者,无论门户,皆可用于训诂考证的证据。[③]明治四十二年(1909),《汉文大系》丛书出版,监修者服部宇之吉于此丛书第一卷《四书解题》中尝评价息轩的学问:

(息轩)先生笃信好古,钻研经史,尤用于汉唐注疏,以参众说,先儒未发阐微者不少……先生于"四书"亦本古注,兼取朱

①连清吉:《日本江户时代的考证学者及其学问》,台北:学生书局1998年版,第103-113页。
②[日]町田三郎:《江户时代的汉学者》,东京:研文出版1998年版,第153页。
③连清吉:《日本江户时代的考证学者及其学问》,台北:学生书局1998年版,第113-114页。

说。于清人考证之说等，亦择善而取之……先生好执公不阿，能取古今之长舍其短，考据最力，论断最慎。[①]

由此可见，“息轩学”的性格在于“兼容并蓄”的公正治学态度以及以考证为基础的实证主义学风。《〈论语〉集说》正是“息轩学”的代表性著作，正因为如此，才编入《汉文大系》丛书之中。

2.《〈论语〉集说》的特色：取舍古今注释

《〈论语〉集说》的编纂体例按照《论语》经文、集解（《何晏集解》）、集疏和案的顺序依次排列。而明治四十二年（1909）年出版的《汉文大系》中，监修者服部宇之吉则添加了朱注，即《朱子集注》，所以《汉文大系》中收录的《〈论语〉集说》凡四种注文。息轩自身的见解集约于集疏和案两部分之中。所谓集疏，正如《〈论语〉集说》序中所言，乃“参以旧所诠录诸家之说”[②]。而于集疏中，息轩则引用众多《论语》注疏中自身认为最恰当者。其中亦有息轩个人见解，但大都是品评所引诸说是否合理得当。恰如《〈论语〉集说》序中所谓之“参”，集疏不过是《〈论语〉集说》的辅助部分，主要目的在于帮助读者理解《论语》。而案则大为不同，殆为息轩个人观点。息轩对集疏中引用的先儒诸说未必完赞同，故而以案的形式，阐述不同意见以及自家学说。《〈论语〉集说》序中所言“意有不满，并赘愚案”[③]，即指案的部分。

町田三郎曾将《〈论语〉集说》的特色归纳为以下四点：[④]

第一，关于《论语》的成书，息轩认为《论语》是孔子殁后由门人弟子编纂而成，且一次成书。关于《论语》的成书，仁斋提倡“上、下《论》”之说；徂徕基于仁斋之说，进而主张“上《论》”成于琴张之手，“下《论》”成于原思之

①[日]服部宇之吉：《四书解题》，《汉文大系》(一)，台北：新文丰出版有限股份公司 1994 年版，第 22–23 页。

②[日]安井息轩：《〈论语〉集说序》，《汉文大系》(一)，台北：新文丰出版有限股份公司 1994 年版，第 2 页。

③[日]安井息轩：《〈论语〉集说序》，《汉文大系》(一)，台北：新文丰出版有限股份公司 1994 年版，第 2 页。

④[日]町田三郎：《江戸时代的汉学者》，东京:研文出版 1998 年版，第 216–217 页。

手。而息轩则认为：

> 胡氏谓："此篇（宪问）原思所记。"徂徕谓："'下《论》'成于原思。"不知《论语》成于众门人论定。篇次章第，有一定之法，无一人记一篇之理，况与全记"下《论》"乎。①

基于对伊物二子的反论，进而分析《论语》各篇各章的关联性，考察诸篇的排列特征，考案编纂者的意图，最终得出结论：编纂《论语》具有明确的意图性，是孔子殁后经门人弟子之手成书，"上《论》"和"下《论》"虽然有别，但绝非经过若干次编纂而成，而是一次编纂成书。换言之，息轩一方面大体继承了仁斋的"上、下《论》"说，另一方面则全面否定徂徕所谓"上《论》"和"下《论》"由个别学者编纂的观点。息轩的观点不同于自郑玄以来诸家之说，实可谓独特的见解。

第二，重视《论语》文章的历史背景以及前后文的联系，是为息轩注疏《论语》的特色之一。结合孔子和门人弟子对话发生的时代背景，分析前后文的关联，息轩可以洞悉《论语》编纂者的意图所在。譬如，子路篇"善人为邦百年"章的案云："此必有所指矣，今不可考。徂徕云：'岂谓楚先君乎。'恐未然。"②另如，八佾篇"事君尽礼"章的案云："上章下章，皆鲁国之事，则此章琐论，亦必鲁事也。凡章旨不明者，编辑者辄以章次明之。读《论语》者，以此求之，思过半矣，物说诚是。"③皆为分析前后文关系及编纂者的意图，同时也可以看出息轩对"徂徕学"甄别取舍的客观态度。另外，八佾篇"定公问君使臣"章之后附有"禄去公室，三家擅权，急为之则乱，弃而不为

①[日]安井息轩：《〈论语〉集说》卷5，《汉文大系》（一），台北：新文丰出版有限股份公司1994年版，第1页。

②[日]安井息轩：《〈论语〉集说》卷4，《汉文大系》（一），台北：新文丰出版有限股份公司1994年版，第57页。

③[日]安井息轩：《〈论语〉集说》卷4，《汉文大系》（一），台北：新文丰出版有限股份公司1994年版，第44页。

则亡……”[①]的案语，明显是结合当时鲁国的政治状况疏解经义。

第三，排击理气心性等高远的哲学见解，参考其他先秦古典，将孔子思想视为日常哲学，是息轩阐释《论语》经义的基本态度。关于这一点，息轩对“仁”的释义，最具代表性。众所周知，孔子思想基本上可以用“仁”字概括。就“克己复礼为仁”[②]，朱子曰：“仁者，爱之理，心之德也。”[③]对朱子而言，所谓“仁”乃根源于天理的内心之德。而息轩则不采朱子的形而上之说，主张：

> “仁”，安民之德也。人不知而用之，其泽不及于物，为仁若由人然。故又申之曰：“为仁由己，而由人乎哉。”言“克己复礼”，虽不施于有政，不妨其为行仁也。况其心既仁，人或知女，则仁政之行，沛然不可御也。[④]

对息轩而言，所谓“仁”乃“安民之德”，即指仁政本身。另外，息轩疏解“仲弓问仁”[⑤]章，于集疏中主要引用仁斋的注释，[⑥]案中则阐述自身见解，赞同仁斋之说，主张“仁”乃“修己”“安民”之德。

第四，息轩注疏《论语》，充分利用清朝考证学研究成果的同时，亦采伊物二子等古学派及朱子之说，是《〈论语〉集说》的最显著特色之一。正如前文所言，息轩不但对古学派的学问持选择取舍的公正态度，对朱子学派

①[日]安井息轩:《〈论语〉集说》卷4,《汉文大系》(一),台北:新文丰出版有限股份公司1994年版,第44页。

②《论语·颜渊》。

③(宋)朱熹:《四书集注章句》,《钦定四库全书荟要》,长春:吉林出版集团有限责任公司2005年版,第15页。

④[日]安井息轩:《〈论语〉集说》卷4,《汉文大系》(一),台北:新文丰出版有限股份公司1994年版,第28页。

⑤《论语·颜渊》。

⑥[日]安井息轩:《〈论语〉集说》卷4,《汉文大系》(一),台北:新文丰出版有限股份公司1994年版,第29-30页。

的学问亦然。息轩时代受古学熏陶,成人后的学问亦立足于古学。但息轩的治学态度迥异于龟井南冥、昭阳父子,绝非一味顽固的反对朱子学。另外,虽然息轩力排朱子的宇宙构造论、理气心性之说,但也未必一味否定,对朱说的合理之处,亦表示赞同。譬如,关于"从我于陈蔡者,皆不及门也"[①]章中"门"字的释义,郑玄以为"门"为仕官之意,而息轩则从朱子之说,主张"门"乃孔子的家门,认为此章实为孔子在追忆往日时光,感叹昔日弟子大都离去。[②]《〈论语〉集说》中像这样采朱注之处为数不少。另外,清朝考证学的研究成果也被大量纳入《〈论语〉集说》之中。譬如,就"子曰:'文莫吾犹人也。'"[③]中"文莫"的释义,息轩云:

> 毛奇龄、刘拱台亦引二书,说:"与物同。"刘又云:"《说文》忞强,慔,勉也。忞读若旻,文莫即忞慔假借字也。"广雅又云:"文,勉也,黾勉、密勿、蠠没,皆文莫者一声之转。文莫行仁义也,躬行君子由仁义行也。"按:文莫之解,栾肇发其端,诸儒成之。而刘氏文莫即忞慔假借之说最精。其以文莫为行仁以义,以躬行为由仁义行,亦至当不易。以为此章正解。[④]

息轩赞同清儒刘宝楠之说,主张虽然极力行仁义之举,但"躬行"则远远不够。由此可见息轩作为考证学家的性格。

要之,息轩原本属于古学系统,但注疏《论语》却不仅依据汉唐古注,而是公平审视汉唐儒者、宋儒、伊物二子、清儒的注释,择其善者而从之。息轩力辟宋儒空理空论、穷究义理的空疎学风,唯采其合理之说;取舍选

---

①《论语·先进》。

②[日]安井息轩:《〈论语〉集说》卷4,《汉文大系》(一),台北:新文丰出版有限股份公司1994年版,第2–3页。

③《论语·述而》。

④[日]安井息轩:《〈论语〉集说》卷2,《汉文大系》(一),台北:新文丰出版有限股份公司1994年版,第81页。

择伊物二子为代表的古学派注疏，择其优者作为论证的依据。《〈论语〉集说》中还大量援用清朝考证学者的观点。正如町田三郎所言，息轩的《〈论语〉集说》中并无特别引人注目的新说，但以公平公正的态度、简洁明快的行文论说、品评各学派注释，是此书最显著的特色。[①]换而言之，《〈论语〉集说》是一部超越门户、超越学派的《论语》注释书，作为幕末儒者的息轩，不仅是古学派的传承者，同时也是新兴清朝考证学的传播者。日本近代中国学的草创者狩野直喜尝被誉为"日本理解清儒学说的最初第一人"[②]，而其学问源流却可以追溯至安井息轩。另外，连清吉先生称《〈论语〉集说》是伊物二子以来古学派《论语》研究的集大成。[③]而在笔者看来，《〈论语〉集说》不但是古学派《论语》研究的集约，同时也是整个日本江户时代《论语》学的大成之作，毕竟息轩对待朱注《论语》的态度是相当公平公正的，这一点绝对不可忽视。

五、江户古学派《论语》学的特质

江户时代古学派《论语》学勃兴的原动力在于对朱子学的反省和批判，始于伊藤仁斋的《〈论语〉古义》。而后获生徂徕基于对朱学和仁斋"古义学"的反省，著作《〈论语〉徵》，彰显"古文辞学"。亀井南冥则试图克服伊物二子注疏中存在的恣意性，撰著《〈论语〉语由》，打通古学与考证学的"任督二脉"。最后，作为"德川时代最后的儒者"的安井息轩撰写《〈论语〉集说》，集汉唐注疏学、宋明性理学、清朝考证学、江户朱子学以及江户古学《论语》注疏之大成，为江户古学派《论语》注释史画上句号。通览江户古学派《论语》学史，可以归纳出以下特质。

---

①[日]町田三郎：《江户时代的汉学者》，东京：研文出版 1998 年版，第 216 页。
②[日]吉川幸次郎：《〈论语〉〈孟子〉研究》解说，东京：美玲书房 1977 年版，第 317 页。
③连清吉：《日本江户时代的考证学者及其学问》，台北：学生书局 1998 年版，第 134 页。

(一)批判朱子学

《〈论语〉古义》《〈论语〉徵》《〈论语〉语由》以及《〈论语〉集说》中，批判朱注之处可谓数不胜数。其中南冥和息轩，特别是息轩，虽持唯善者而从的态度，采朱注甚多，但亦批驳朱子哲学中形而上的思想，力辟穷究理气心性的空疎学风。所以，息轩批判朱学的基本观点是毋庸置疑的。

其实江户古学派原本就与林家所传朱子学相抵触，所以反省朱学、批判朱学的观点是古学派《论语》论考中存在的共通性，批判朱子学是流淌在古学派儒者体内的血液。

(二)重视考证

就学问风格而言，具有强烈实证主义色彩的考证学可谓江户古学派儒者共通的治学基础。关于这一点在古学派《论语》著作中也有所体现。

仁斋通过一系列的文献批判作业，考证《论语》的成书经纬以及篇章的信凭性，为究明“古义”，注重语义方面的训诂考证，以《孟子》为依据解读“古义”。于某种程度而言，也可视为文献实证的研究方法。

徂徕的《〈论语〉徵》以“古文辞学”为基本研究方法，通过“徵古言”的营为，确定文字的意义，再以“六经”为依据，解读《论语》字句的意义，究明孔子的真意。所谓“徵古言”，实际上就是归纳古代语言使用例，实证性的研究古典，和清儒的学问方法一脉相通。

南冥的《〈论语〉语由》以“作为孔子讲述孔子”的研究态度，考证《论语》的对话内容，洞察对话发生的原因、理由以及时代背景，从而慎重确定语句的含义，最终阐释孔子思想的真意。所谓“作为孔子讲述孔子”的研究态度，于某种程度上也具有一定的实证主义色彩。另外，通过把握“语由”进而究明语义的做法也是考证学的研究方法。

息轩的《〈论语〉集说》正如“集说”一语所示，集众说于一书。即便如此，息轩也绝非无条件、无甄别的广搜历代注疏，而是基于对汉唐古注、宋儒新注以及江户古学的充分考证、认真品评诸说之优劣，择其优者纳入

“集说”之中。不仅如此，“集说”中还大量援用清朝考证学的新成果，可见息轩对考证学实事求是的实证主义学风的尊崇程度。

（三）注疏学的立场：注释

注释是中国古来经学研究的传统，注释者以注疏学的立场，以“注”或“疏”的形式，彰显自身的学问、思想、理想、抱负等。换言之，注释是学问、思想、理想、抱负的载体。朱子的《四书集注》可谓最具代表性。所以才能出现《〈论语〉的思想史》[①]如此优秀的论著。日本直至明治维新，一直沿用注释的方法进行古典研究，《〈论语〉古义》《〈论语〉徵》《〈论语〉语由》《〈论语〉集说》皆为《论语》经本的注释书。仁斋以注疏《论语》彰显“古义学”，以注文或疏文的形式，表达其护教主义思想。徂徕以《〈论语〉徵》标榜“古文辞学”，通过注疏《论语》，提倡其“政治论”。而《〈论语〉语由》和《〈论语〉集说》中，亦可见南冥和息轩关于“经世论”的思想。由此可见，江户古学派大都通过注疏《论语》的手段表达自身的学问和思想，且传承至今。所以江户古学派《论语》学的流变可以理解为《论语》注释史。

明治维新后，日本进入近代，西洋近代文明的袭来促使日本传统学术的近代化。以注释为主流的日本汉学则次第细分为文学、史学、哲学、思想史学、东洋史学等诸多研究领域，即所谓“学问的专业化”，亦可视为汉学向中国学的转变。而正式完成这种重要转变者，正是以狩野直喜为代表的日本京都中国学派的诸硕学。

六、江户古学派《论语》研究的价值

江户古学派的学问和《论语》论著对后学，特别是日本近代中国学影响颇大。考证学是日本近代中国学的学问根基，而考证学既已大成于江户

①［日］松川健二：《〈论语〉的思想史》，东京：汲古书院 1994 年版。

古学派的安井息轩。另外,实证主义的治学宗尚也可以追根溯源至江户古学派。不仅如此,将古代语的意义如实地传承至现代的"舌人意识"也是近代中国学共通的学问意识,也与古学派儒者追求"古义""古文辞"以及"语由"的目的一致。加之,批判朱子学是日本形成近代中国学的原动力,也可以说是对江户古学派反省、批判传统学术之精神的继承。

京都中国学派的始祖狩野直喜尝于京都大学讲授《论语》(授课底稿为《〈论语〉讲义》),《〈论语〉讲义》中最鲜明、最基本的观点即为批判朱子学,其中屡屡援用江户古学派和清朝考证学派的观点。[①]从这一点上看,江户古学派可以说是狩野直喜的先驱。狩野直喜以《〈论语〉讲义》的形式,传承江户古学至日本近代汉学界,且在众多后学继承的基础之上,衍生出为数众多的卓越《论语》论著,此乃江户古学派《论语》学的现实意义所在。是故,对于试图构筑日本近代《论语》学史的笔者而言,绝对不可忽视江户古学派的《论语》研究。

①[日]狩野直喜:《〈论语〉〈孟子〉研究》,东京:美玲书房1977年版。

第一章 狩野直喜的《论语》学：日本近代《论语》学之起点

本章主要以狩野直喜《〈论语〉〈孟子〉研究》中的《论语》研究部分为中心材料，较以江户古学派及清朝考证学派的《论语》注疏，究明狩野直喜《论语》学的基本观点，再通过与武内义雄、吉川幸次郎等后学解读《论语》的著作比较研究，说明其对后学的影响，最终明确狩野直喜《论语》学于日本近代《论语》学史上的地位与意义。

第一节　狩野直喜的学问：考证学

狩野直喜（1868—1947）是日本近代汉学家，与京都大学同僚内藤湖南、桑原骘藏等共同创立京都中国学派，培养后学。于京都大学文科大学之草创期，发挥主导作用。狩野直喜尝和弟子言明自身的学问是“考证学”。①

明治元年（1868）二月十一日，狩野直喜出生于熊本市，乃其父狩野直恒第三子。幼名百熊，字子温，号君山、半农人、葵园等。幼年丧父，由祖父狩野直温养育成人。狩野直温尝作为“句读师”在藩学时习馆工作。狩野直喜幼年即开始作诗，少年时代曾于藩主面前讲学。于故乡的同心学舍学习，该校由佐佐友房经营，后更名为“济济黉”。校名取自《诗经》，以“正伦理，明大义；重廉耻，振精气；磨知识，进文明”之三大纲领为建校精神。狩野直喜的成长环境无疑对其日后的人格形成影响巨大。上京后，入学第一高等中学校。明治二十八年（1895），毕业于东京大学文科大学汉学科，帝大时代的授业恩师有岛田篁村、根本通明、竹添光鸿（1841—1917）②等，其

①［日］小岛佑马：《通儒的狩野先生》，《东光》第五号，京都：弘文堂书房 1948 年版，第 7 页。

②［日］竹添光鸿：日本明治时代汉学家，东京大学教授，著有《栈云峡雨日记并诗抄》《独抱楼诗文稿》，以及被统称为“三《会笺》”的《左传会笺》《毛诗会笺》和《论语会笺》等。

中狩野最尊崇者是岛田篁村。作为东大汉学科第二届毕业生,狩野直喜与藤田丰八同期毕业,稍晚毕业的还有桑原骘藏、高濑武次郎以及铃木虎雄。东大毕业后,狩野直喜先后任教于芝正则中学校、东京外国语学校。明治三十三年(1900),作为日本文部省留学生赴中国北京留学,同年经历义和团运动后归国。明治三十四年(1901)年留学上海,周游江南,亲身感受中国的学问风格。其间不但面见清儒张之洞,同时为了接触西方汉学,几度造访皇家亚洲文会华北分会(The North China Branch of the Royal Asiatic Society)。明治三十六年(1903)年自清国返日,在京都居住。受台湾总督府委托,与织田万、加藤繁等共同进行"旧惯调查",后公开刊行若干调查报告,其中《清国行政法》乃狩野直喜亲撰,但并未署名。明治三十九年(1906),京都大学开设文科大学,狩野直喜与狩野亭贞、谷本富、松本文三郎、桑木严翼成为开设委员,继而任文科大学哲学科教授,担任中国语学中国文学课程。明治四十年(1907)被授予文学博士学位。

20世纪初,在甘肃敦煌石窟发现大量唐代乃至六朝时代的书籍文书,为世界汉学界所瞩目。明治四十二年(1909),狩野直喜与同僚内藤虎次郎、富冈谦藏等共赴中国,调查残存北京的敦煌古本。明治四十五年(1912),经西伯利亚游历欧洲,调查巴黎国家图书馆、伦敦大英博物馆所藏的敦煌古本,从中发现《〈论语〉郑玄注》残本。翌年,大正二年(1913)返日。当时董康、罗振玉、王国维等不少中国学人东渡日本躲避战乱,往来于京都。在日滞留数年间,与狩野直喜、内藤虎次郎等日本汉学家交往甚密。

京都大学文科大学更名为文学部后,狩野直喜自明治三十九年(1906)开始一直任教于此,直至昭和三年(1928)退休,前后长达二十三年之久。大正十四年(1925),成为学士院会员,同年与服部宇之吉一同任东方委员会委员(东方委员会由中日两国共同组织),几度赴北京,与民国学者共同筹划开设北京东方图书馆、编纂《续四库全书》。昭和三年(1928),狩野直喜退休,成为京都大学名誉教授。翌年,日本成立东方文化学院,下设京都研究所(现在京都大学人文科学研究所东方部前身),狩野直喜担任所长。昭和十年(1935)，成为法国亚洲学会(Societe asiatique)名誉会员。昭和十三年(1938)，狩野支喜辞任京都研究所所长，之后终日于自宅埋头读书，一日不废。昭和十九年(1944)，荣获"文化勋章"，昭和二十二年(1947)，病故家中，享年八十岁。①

狩野直喜平生述而不作，《中国哲学史》(岩波书店 1953 年)、《两汉学术考》(筑摩书店 1964 年)、《魏晋学术考》(筑摩书店 1968 年)、《中国文学史》(美玲书房 1970 年)、《中国学文薮》(美玲书房 1973 年)、《读书簑余》(美玲书房 1980 年)、《御进讲录》(美玲书房 1984 年)、《清朝的制度と文学》(美玲书房 1984 年)、《中国小说戏曲史》(美玲书房 1992 年)，以及本章的中心文献《〈论语〉孟子研究》(美玲书房 1977 年)等传世论著，大抵为授课讲义底稿，殁后为门人子嗣整理后刊行于世。

狩野直喜任教京都大学文学部二十三年，主讲中国哲学史与文学史。在哲学史方面，祖述清朝考证学的学风，在文学史方面，讲述元曲以及其他口头文学，皆为历来学界轻视的学问。狩野直喜尊崇清朝考证学的实证主义，提倡精准阅读文献，忠实传承古典原义。在经学研究方面，尤好专研《礼》，以汉代大儒郑玄之注、孔颖达、贾公彦之疏为宗尚。文学研究则提倡韩愈、汪中、曾国藩之学，注重小说和戏曲的研究。对于清儒之学，狩野直喜最喜顾炎武，对于日本儒者，则大力倡导伊物二子的学问。至于宋儒提倡的严肃主义，则绝非狩野直喜所好。②

狩野直喜的高弟吉川幸次郎曾将其师的学问特色归纳为以下四点：③

1. 客观科学的学问方法

江户儒者大都将儒家经典视为伦理道德方面的书籍，狩野直喜则摆脱这种研究态度，视儒家经典为中国文明史研究的文献资料，是一种客观

①[日]狩野直祯:《狩野直喜》，江上波夫编著，《东洋学之系谱》，东京:大修馆书店 1993 年版，第 98–106 页；高田时雄:狩野直喜，《京大东洋学之百年》，京都:京都大学学术出版会 2002 年版，第 4–26 页。

②[日]吉川幸次郎:《中国哲学史》，跋，东京:岩波书店 1968 年版，第 662 页。

③[日]吉川幸次郎:《中国学文薮》，解说，东京:美玲书房 1973 年版，第 500–502 页。

的学问研究对象。较江户儒者而言,这正是狩野直喜作为近代中国学研究者的崭新立场。

实际上,狩野直喜并非对儒家经典缺乏敬畏之心,至少和同时代的学者一样,绝不会轻视经典,而且自身的生活方式、人生态度也大都以儒家经典为依据。狩野直喜主张不仅要精确解读古典原文的内容,还要详细了解经典的诸多注释,且通过阅读,获得极高的汉语能力,凌驾于同时代的汉学家之上。虽然如此,狩野直喜并未强制将经典的内容作为教条。

因此,关于儒家经典诠释史的价值判断,狩野直喜不同于历来的日本学者。虽说狩野直喜并非缺乏宋明理学方面的造诣,但对宋明理学中饱含教条主义的义理阐释持批判态度。较宋儒的新注,狩野直喜更加尊崇汉魏时代的古注,以及唐代儒者基于古注的疏。另外,对清儒的学问亦倍加尊重。这是因为,清朝考证学大体是以汉唐古注疏为基础,研究古代语言和古代典章制度,以此重新解读古典。无论是治学态度还是研究方法,都是狩野直喜学问的基础。实际上,远绍清朝考证学的日儒可以追溯至江户时代的松崎慊堂和安井息轩。狩野直喜于东大汉学科师事的岛田篁村也是清朝考证学的传播者。锁国时代的日本接触清朝学界并非易事,而至明治中期,狩野直喜方能作为文部省留学生赴中国留学,正式全面吸收清朝学术。留学归国后,乃能够在新兴的京都大学讲授清代学术。这可谓是全新的创举,与长期故步于传统汉学和宋明理学的其他学者之间形成鲜明的对照。此外,狩野直喜还热心向日本学界介绍当时中国最新的学问——公羊学。[①]

2. 重视文献学研究

充实文献学的知识,是为狩野直喜研究的前提。虽说重视文献学萌芽于江户时代儒者狩谷棭斎、涉江抽斋等,而狩野直喜及其京大同僚内藤湖南研究文献学的精致程度堪与中国学者相比肩。加之,1900 年甘肃敦煌出

①[日]狩野直喜:《春秋研究》,东京:美玲书房 1994 年版。

土大量包含唐代以前的古写本，进一步激发了狩野直喜文献研究的和兴趣。明治三十四年(1901)赴北京，大正元年(1912年)，远赴巴黎、伦敦，皆为调查敦煌古本。在法国人伯希和(P.Pelliot)的协助下，成功发现《〈论语〉郑玄注》残本。大正初年(1912)，罗振玉、王国维亡命京都，和狩野直喜交往甚密，共同探讨学问。《中国学文薮》中收录的《唐抄本古文尚书释文考》[①]即为当时研究的代表性著作。另外，同样收录于《中国学文薮》的《山井鼎和七经孟子考文补遗》[②]不仅是狩野直喜文献学研究的业绩，同时也是日本儒学史研究中重要的一环。通过这篇文章可以看出狩野直喜对"徂徕学"的关心，同时也可以看出在众多江户儒者之中，狩野直喜最认可伊物二子的学问。

3. 文学史和哲学史密不可分的观点

狩野直喜一直主张中国文学史研究和哲学史研究密不可分，无法割裂，在京都大学也同时担任文学史和哲学史主讲。狩野直喜认为历来汉学家的文学批评基准过于偏狭，亟待修正。日本的中国文学研究一直以来偏好宋代和明代的文学，而狩野直喜则提倡唐代以前文章的古雅和清代诗词的细致，认为"唐宋八家文"实为"俗本"，其价值远不及《文选》，应该视《文选》为"文章规范"。狩野直喜是最初在日本大学讲述清代文学史的学者，从收录于《中国学文薮》的《关于方望溪逸事》[③]《读海藏楼诗》[④]两篇论文，可见狩野直喜对清代文学的尊崇。

4. 虚构文学的研究

狩野直喜从事中国虚构文学研究，是历来日本学界尚未涉及的领域，

①[日]狩野直喜:《唐抄本古文尚书释文考》,《中国学文薮》,东京:美玲书房1973年版,第93–102页。

②[日]狩野直喜:《山井鼎和七经孟子考文补遗》,《中国学文薮》,东京:美玲书房1973年版,第120–139页。

③[日]狩野直喜:《关于方望溪逸事》,《中国学文薮》,东京:美玲书房1973年版,第267–270页。

④[日]狩野直喜:《读海藏楼诗》,《中国学文薮》,东京:美玲书房1973年版,第271–279页。

对于当时的日本学人而言，具有一定难度。江户时代出现过《三国演义》《水浒传》部分节选的译本，以及基于兴趣主义的粗浅研究，但几乎没有关于戏曲的论著。无论小说或戏曲，皆为口语，与文言汉文经典不同。故而对于日本人而言，颇为难解。而狩野直喜自学生时代开始学习汉语，中国留学后汉语水平进一步提高。所以，具备从事口语文学研究的语学素养。另外，狩野直喜的文献学研究横跨经、史、子、集，所以可以从史学或训诂学（语言学）的角度把握中国虚构文学。日本大学讲授元曲，自狩野直喜开始。《中国学文薮》中收录的论文《〈水浒传〉和中国戏曲》，主张元代戏曲《水浒》成于现行本小说《水浒传》之前，①这个观点已成为当今学界的定论。此外，狩野直喜和王国维几乎同时开始进行中国戏曲研究，而关于中国小说的著作则早于鲁迅的《中国小说史略》问世。

要之，狩野直喜和传统日本汉学的教条主义诀别，提倡清朝考证学的实证主义，重视文献学研究，主张文学史和哲学史密不可分，修正历来日本学者根据个人好恶恣意选择、演绎、解释中国文学的不良习好，是为"狩野学"之特质所在。换言之，自狩野直喜开始，日本汉学界渐次视中国的学问为纯粹的、客观的人文科学研究对象。

高田时雄曾经指出，明治时代是谋求学问变革的时代，而谋求日本传统汉学的变革绝非易事，明治末年设置于京都大学的文科大学正是汉学革新的实验场。在狩野直喜、内藤湖南的主导之下，以清朝考证学为学问宗尚，且批判性地继承欧洲的中国学，进而次第形成独具特色的日本近代中国学，"狩野学"正是其形成的理论支柱之一。②由此可见，在传统汉学向近代中国学的转换过程中，狩野直喜居功至伟，是名副其实的日本近代中国学的创始者。

---

①[日]狩野直喜:《水浒传和中国戏曲》,《中国学文薮》,东京:美玲书房 1973 年版,第 205–215 页。

②[日]高田时雄:《狩野直喜》,砺波护、藤井讓治编,《京大东洋学之百年》,京都:京都大学学术出版会 2002 年版,第 26 页。

第二节　狩野直喜的《论语》学

如前文所述，狩野直喜平生述而不作，传世论著大抵为授课讲义底稿，殁后为门人子嗣整理而成。其中《〈论语〉研究》原为明治四十二年(1909)至明治四十三年(1910)京都大学文科大学的讲义，后与讲义《〈孟子〉研究》整合成为《〈论语〉〈孟子〉研究》一书，于昭和五十二年(1977)由美玲书房出版发行。①

一、狩野直喜讲述《论语》的动机

笔者认为，彰显清朝考证学派和日本江户古学派的学问，与传统的江户御用儒学相抗衡，是为狩野直喜在京都大学讲述《论语》的动机。江户时代的日本，特别是"异学之禁"后，朱子学立为官学，成为江户儒学的显学。朱子《四书集注》贵为国定教科书，其中朱注《论语》最为重要。至 18 世纪初期，乃有反朱子学，即以为朱子学并非孔学真传的各学派产生，如同属古学派系统的伊藤仁斋和荻生徂徕。前者著述《〈论语〉古义》《语〈孟字〉

①吉川幸次郎：《〈论语〉〈孟子〉研究》，解说，东京：美玲书房 1977 年版，第 317 页。

义》《童子问》，高举古义学的旗帜；后者著述《〈论语〉徵》《弁名》《弁道》《学则》，力倡古文辞学。由此可见江户儒者，无论学派，均以著述《论语》彰显自家的学问。故笔者认为，著述或讲述《论语》是日本近世汉学的传统，《论语》研究是日本近世汉学的代表。而对于志在革新传统汉学的狩野直喜而言，讲述《论语》无疑是最佳的选择。

二、《〈论语〉研究》的构成

《〈论语〉〈孟子〉研究》中收录的讲义《〈论语〉研究》包括“序论”在内凡六个部分。“序论”概说讲义之主旨；“《论语》和“六经”的关系”部分主要明确《论语》于中国古典中的地位与意义；“关于《论语》的作者”以及“《论语》的授受与注释书”两部分主要说明《论语》的成书及其注疏；“由《论语》所见孔子的事迹”部分则将《论语》作为研究孔子生涯传记的第一手资料，基于《论语》追溯孔子的一生；最后的“就《论语》经本的解释”部分乃讲义《〈论语〉研究》的后半部分，狩野直喜基于对宋儒理气心性之说的反省与批判，释义《论语》个别篇章字句，进而阐释经义。主要包括《学而》第一章“学而时习之”、第二章“孝悌也者，其为人之本与”、第四章“吾日三省吾身”、《里仁》的“一以贯之”、“忠恕”、《公冶长》的“性与天道”、《子罕》的“子罕言利”、《先进》的“吾与点也”等。

三、狩野直喜讲述《论语》的基本观点：批判朱子学

讲义《〈论语〉研究》中，狩野直喜力辟江户朱子学空疏的学风，力求实证性地阐明关于《论语》的诸多问题。其中颇具代表性者有：比较日本古钞本和现行本《论语》文本中字句的异同，说明“仁”与“孝悌”的本末关系；以清代余萧客《古经解钩沉》中所引宋代岳珂相台本《九经校注》的注文为证，结合日本明经博士清原家的古本《论语》文本，复原何晏

《〈论语〉集解》的逸文，进而阐明“道”与“忠恕”的关系；继承荻生徂徕的古文辞学，并援用清儒考证的方法，批判宋儒的注释，重新解释“文章”“性”“天道”等《论语》的关键词语，还原古代语言原本的意义；从历史研究的立场，把握孔子所在时代的历史背景，以《论语》为中心，追溯孔子的生涯事迹，究明孔子言行的内在意义。可见狩野直喜自身对江户古学派学问的继承与发展，对清朝考证学学问方法的尊崇，以及与江户朱子学诀别的立场。

（一）批判江户朱子学

批判江户朱子学空疎的学风，力求实证性地阐明有关《论语》的诸多问题，是为狩野直喜讲述《论语》最基本的观点。讲义中随处可见对程朱二子的批判，特别是“就《论语》经本的解释”的一节中所涉及的诸多问题，均是基于批判宋儒注释之上展开的论述。就此，笔者举两例，予以说明。

1.“仁”与“孝弟（悌）”的本末关系

《论语·学而》第二章有“孝弟也者，其为仁之本与”一文。关于此句的意义，朱子曰：

> ……仁者，爱之理、心之德也。为仁，犹曰行仁。与者，疑辞，谦退不敢质言也。言君子凡事专用力于根本。根本即立，则其道自生。如上文所谓“孝弟乃是为仁之本。”学者务此，则仁道自此而生也。程子曰：“孝弟，顺德也。故不好犯上，岂复有逆理乱常之事。德有本，本立则其道充大。孝弟行于家，而后仁爱及于物。所谓‘亲亲而仁民也’。故为以孝弟为本，论性则以仁为孝弟之本。”或曰：“孝弟为仁之本，此是由孝弟可以至仁否？”曰：“非也。谓行仁自孝弟始，孝弟是仁之一事。谓之行仁之本则可，谓是仁之本则不可。”盖仁是性也，孝弟是用也。性中只有个仁、义、礼、

智四者而已。曷尝有孝弟来？然仁主于爱，爱莫大于爱亲。故曰："孝弟也者，其为仁之本与。"①

朱子对"仁"和"孝弟"的本末关系的理解为："仁"为本，"孝弟"为末，且将"为"解释为"行"，即实施、实行，是此说成立的必要条件。故而，朱子又引用程子之说，强调此种解释的合理性。

而狩野直喜则对以上程朱的说法，做出如下的批判：

……程朱皆将"为"释为"行"之意，但古注家殆将此句读为"为/仁之本与"。加之，流传于我国(日本)的古抄本《论语》中，此句并无"为"字，原文为"孝弟也者，仁之本与。"故程朱之说不能成立。②

狩野直喜批判程朱二子之说的依据有二：第一，古注家皆将此句读为"为/仁之本与"，即此句中"为"字绝非表示实行，实施之意，而表示"是"，即英文"be"之意；第二，日本古抄本《论语》中，此句无"为"字，即程朱二子于"为"字字义解释方面所下的苦功，实属徒劳。如此欲从根本上推翻宋儒的学说，进而对"仁"和"孝弟"的本末关系，作出如下解释：

……程朱的解释基于其主张的性说，属于宋儒之流特有的论理，而汉唐的儒者并非如此。正如仁斋所言，"仁"既是道，又是德。若言"孝弟"为何？则为德，或为道。如言其间之关系，则可解为，"孝弟"是"仁"之根本。可譬之如果之核、树之芽。即"仁"与"孝弟"本为同一物。"仁"者，范围广；"孝弟"者，范围狭……换言

①(宋)朱熹：《四书集注章句》，《钦定四库全书荟要》，长春：吉林出版集团有限责任公司 2005 年版，第 15 页。
②[日]狩野直喜：《〈论语〉〈孟子〉研究》，东京：美玲书房 1977 年版，第 120 页。

之，“孝弟”被扩大化后，即成为“仁”。《孟子》所谓“尧舜之道，孝弟而已”，即指此意。[①]

基于对程朱二子的批判，狩野直喜引用江户儒者伊藤仁斋之说，重新解释“仁”和“孝弟”的本末关系，认为“仁”和“孝弟”之间根本不存在所谓本末关系的问题，两者实属同一物，唯其范围不同而已。对此，笔者认为，仅凭仁斋之说所下的结论确实有待商榷。因为将“为”字解释为实行、实施者并非仅限于宋儒。譬如，荻生徂徕云：“为仁于天下，以教孝弟为先。”[②]即将“为”理解为实施、实行。其后的龟井南冥亦采徂徕之说：“语先王仁政之本出也……为仁于天下，以教孝弟为先。”[③]又如清代考证学派的刘宝楠于《〈论语〉正义》中同样指出：“‘为仁’犹言行仁，所谓利仁强仁者也。”[④]可见，无论日本古学派，还是清代考证学家，都将“为”字解释为实行、实施。由此看来，程朱的解释并非臆说。而狩野直喜批判程朱的依据中所提到的“古注家”究竟何所指？颇为不明。加之，日本古抄本《论语》文本中虽无“为”字，但狩野直喜的弟子吉川幸次郎却指出，《后汉书·延笃传》中有关于“孝弟也者，其为仁之本与”一文的议论，其中既已有“为”字。[⑤]故而，狩野直喜所举两证绝非力证，均有待检讨。

另一方面，虽然狩野直喜所言“仁”和“孝弟”的本末关系有待商榷，所举两个例证不足信凭。但其反对江户朱子学的立场是绝对鲜明的，且对仁斋之说的采信，亦可视为对江户古学派学问的继承。再者，通过比较不同文本，找出其间相违，并以其为证据批驳传统的解释，是为考证学家的方法。由此可见狩野直喜对考证、考据学风的尊崇。而批判宋儒、继承江户古

①[日]狩野直喜:《〈论语〉〈孟子〉研究》,东京:美玲书房 1977 年版,第 120–121 页。

②[日]荻生徂徕:《〈论语〉徵》,《荻生徂徕全集》卷 3,东京:美玲书房 1977 年版,第 20 页。

③[日]龟井南冥:《〈论语〉语由》,《龟井南冥·昭阳全集》卷 1,福冈:苇书房有限会社 1978 年版,第 19 页。

④(清)刘宝楠:《〈论语〉正义》上册,北京:中华书局 1990 年版,第 7 页。

⑤[日]吉川幸次郎:《论语》译注,《吉川幸次郎全集》卷 4,东京:筑摩书房 1969 年版,第 21 页。

学派的学问和崇尚考据的精神,正是狩野直喜的为学立场和治学宗尚,是日本近代中国学的特色所在。

2.“道”与“忠恕”的关系

《论语·里仁》篇“曾子一贯”[①]章有“夫子之道,忠恕而已矣”一句。孔子教喻曾子“吾道一以贯之”。孔子离开后,门人向曾子询问孔子所言何意。曾子解释道:“夫子之道,忠恕而已矣”。从字面上解释,孔子的“道”仅指“忠恕”,即“道”=“忠恕”。然细玩之,则不难发现,将孔子一贯之“道”简单地归结为“忠恕”是有问题的。所谓一贯之“道”究竟何所指?其与“忠恕”究竟有何内在联系?此等问题极不明了。对此,朱子曾做出如下的解释:

> 尽己之谓忠,推己之谓恕。“而已矣”者,竭尽而无余之辞也。夫子之理浑然而泛应曲当,譬则天地之至诚无息而万物各得其所也。自此之外固无余法,而亦无待于推矣。曾子有见于此而难言之,故借学者进己推己之目以箸明之,欲人之易晓也。盖至诚无息者,道之体也,万殊之所以一本也。万物各得其所者,道之用也,一本之所以万殊也。以此观之,“一以贯之”之实可见矣。[②]

一贯之“道”即指夫子之“理”,具有“浑然”和“泛应曲直”的两大特性。前者可譬如天地之至诚不息,是为“道”之体;后者可譬如万物各得其所,是为“道”之用。曾子虽悟得孔子所言之“理”,但对尚未达到曾子程度的门人则难以说明,故而示之以表示进己推己的“忠恕”,即在朱子看来,曾子悟得之“道”乃为宇宙万物存在的本源——“理”,绝非道德实践方面的“忠恕”。而狩野直喜则对朱子的解释,做出如下的批判:

---

①子曰:“参乎,吾道一以贯之。”曾子曰:“唯。”子出,门人问曰:“何谓也?”曾子曰:“夫子之道,忠恕而已矣。”《论语·里仁》

②(宋)朱熹:《四书集注章句》,《钦定四库全书荟要》,长春:吉林出版集团有限责任公司2005年,第27页。

> 朱子的解释构筑于其自身的哲学基础之上，而孔子却未必有同样的思想。朱子的解释中频繁出现的“理”“体”“用”等词语并非出于《论语》。即使“六经”中存有此等言语，其意亦非如同宋儒所言。朱子的解释完全在佛教思想的影响下产生的。再者，曾子既已明言“夫子之道，忠恕而已矣。”一贯之道若非忠恕，曾子则妄作虚言。岂有此等道理？①

狩野直喜首先立足《论语》原文，批判朱子的注释脱离原典，于自家哲学系统之下解释《论语》，其中存在佛教思想的影响。此外还进一步指出，如按照朱子的解释，作为儒家伦理道德规范的《论语》则记录曾子妄作虚言之事，有悖常理。基于对朱注的批判，狩野直喜继而论述自身对“道”与“忠恕”之关系的看法：

> 通行本何晏《集解》中对“夫子之道，忠恕而已矣”无注释。但余萧客《古经解钩沉》中引用岳珂相台本《九经校注》中有“忠以事上，恕以接下，本一而矣，唯其人也”一句。又清原家古本《集解》中增补的注文，与余氏所引完全相同。
>
> 由此可见，余氏所引确为既已散逸的何晏注释（见太田锦城《九经谈》卷五）……据此注文可知，“忠”和“恕”虽不同，但根本相同。人如能完全做到“忠恕”，则可悟得“忠恕”之根本。即实行“忠恕”是悟得“忠恕”之根本的方法……“忠恕”之本即为“仁”。岳氏本中“唯其人也”的“人”，即指“仁”。可见，何晏既已说明“一贯之道”即为“仁”。此说并非始于徂徕，或为何晏之说，或为何晏引汉代学者之说。

---

①[日]狩野直喜：《〈论语〉〈孟子〉研究》，东京：美玲书房1977年版，第125页。

将"一贯之道"解释为"仁",还有以下依据。一、《论语·里仁》中多录孔子讲"仁"。二、《孟子》中引孔子之语"道二,仁与不仁而已矣"。又孟子言伯夷、伊尹、柳下惠之事以后云:"三子者不同道,其趋一也。一者何也?曰:'仁也'。"再者"夫道一而已矣"的"一"可解释为善。而孟子所谓最上之善即为"仁"。是故,将"一贯之道"解释为"仁"是孔孟的旧说。

"仁"和"忠恕"是何关系呢?古人多以"忠恕"作为求"仁"道之方法。譬如,孔子曰:"己所不欲,勿施于人。"是为求仁道之方法——"恕"。"夫仁者,己欲立而立仁,己欲达而达仁,能近取譬,可谓仁之方也。"此亦为"恕"。《孟子》中亦有"强恕而行,求仁莫近焉"之说。加之,《说文》将"恕"训为"仁",盖指求仁达仁之方法罢了。

……要之,吾人(狩野直喜)将"道"理解为"仁",而"忠恕"即为求仁道、达仁道之方法。此说源于徂徕,太田锦城亦与徂徕同论,仁斋虽未明言,其意大致相同。①

狩野直喜首先指出现行本何晏《集解》对"夫子之道,忠恕而已矣"并无注释,而岳氏本却有,进而说明日本清原家古本《〈论语〉集解》中存在同样的注文,由此证明岳氏本中的注文乃何晏《集解》的逸文,并以此为据,解析"道"与"忠恕"的关系。狩野直喜的解析大致可分为四个步骤:第一,根据"忠以事上,恕以接下,本一而矣",说明"忠""恕"之本相同;第二,"唯其人也"则指"忠""恕"的根本即为"仁";第三,由于《论语·里仁》篇多讲"仁",且《孟子》中亦多处言明"道"即是"仁",故而判断将"吾道一以贯之"的"道"理解为"仁",最接近孔孟的本意;第四,既然孔子所谓"一贯之道"即为"仁",那么"道"与"忠恕"的关系,即可理解为"仁"与"忠恕"的关系,而

①[日]狩野直喜:《〈论语〉〈孟子〉研究》,东京:美玲书房1977年版,第127–130页。

《论语》《孟子》中均将“忠恕”作为达到“仁”之境界的方法，故而主张“道”与“忠恕”的关系为，“道”即仁道，“忠恕”是实现“仁道”的方法，并强调此说源于江户古学派。

狩野直喜解析“道”与“忠恕”的关系，复原何晏《集解》的逸文是最关键的一步。但是，正如其自身所言，最初发现岳氏本中注文者，并非狩野直喜本人，太田锦城既已有此主张。其实，清代的刘宝楠亦于《〈论语〉正义》中言及此注文，但由于在其他诸本中无法找到相同或相似之文，故未将其视为何晏的注释。[①]盖刘氏尚无机会接触到日本清原家古本，所以不敢妄下判断。而锦城和狩野直喜则能够将岳氏本较以清原本，复原散逸已久的何晏注。再者，狩野直喜对“道”与“忠恕”之关系的考察同样是基于对朱注的批判。从批判朱注发足展开论述，是狩野直喜讲述《论语》的基本观点，也是成就其学问的原动力。

（二）继承和发展江户古学派与清朝考证学派的学问

批判江户朱子学，是狩野直喜讲述《论语》最基本的观点。朱子学批判起源于江户时代的伊藤仁斋和荻生徂徕。此外，清代的考证学家亦从字义训诂方面，对朱注提出疑义。狩野直喜则完全接受了古学派和考证学派的学问方法，并且在继承传统学术的基础上有所展开。

譬如，讲义《〈论语〉研究》“就《论语》经本的解释”部分的冒头，狩野直喜曾言明自身语言学研究的方法、立场和态度：

> 正如徂徕所言，知古言极为重要。所谓“知古言”即为理解古代语言的意义。在中国，古代语言和近世语言不同，某些言语可用于古代而却不能用于后世。且同一文字的古今意义亦有所不同，甚至截然相反……由于古书中文字和现今文字的意义有所

①（清）刘宝楠：《〈论语〉正义》上册，北京：中华书局1990年版，第154页。

> 不同，解读《论语》之际，必须了解文字的变迁，究明古代文字的意义。①

狩野直喜肯定徂徕的语言学研究方法，强调解读《论语》时，必须留意古今文字于意义和用法方面的不同。古文辞学的创始者荻生徂徕倡导“徵古言”，②即通过归纳言语的使用例，总结古代言语的使用方法，辨析古代社会制度和孔子思想的真意。此方法和清代考证学派的训诂之学同出一辙。而狩野直喜曾被誉为日本近代理解清朝考证学之第一人。③故其极为推崇徂徕和清儒的方法。在笔者看来，狩野直喜的语言学研究立场和态度可以简单概括为：将古代语所具有的意义，如实地翻译成现代语（去除宋儒赋予古代语的哲学意义）。此与以“舌人”自觉的清儒王引之的治学宗旨一脉相通。笔者曾以“舌人意识”概括清朝考证学的忠实传承者武内义雄的学问性格。④其实，其师狩野直喜既已以“舌人”自觉，或可谓“舌人意识”的先觉者。由此可观江户古学派和清朝考证学派对狩野直喜的巨大影响。

兹以《论语·公冶长》的解释为例，说明狩野直喜如何继承和发展江户古学派和清朝考证学派的学问。

《论语·公冶长》：为“子贡曰：‘夫子之文章，可得而闻也。夫子之言性与天道，不可得而闻也。’”古来对此章的解释可谓是众说纷纭。其中朱子的注释高居统治地位，而狩野直喜的解释正是建立在批判朱注的基础之上，故而有必要首先回顾朱子注：

---

①[日]狩野直喜：《〈论语〉〈孟子〉研究》，东京：美玲书房1977年版，第107–110页。

②金培懿：《江户古学派〈论语〉注释史研究》，福冈：九州大学大学院文学研究科，博士论文，2000年，第177页。

③[日]吉川幸次郎：《〈论语〉〈孟子〉研究》，解说，东京：美玲书房1977年版，第317页。

④详见拙稿《武内义雄的中国思想史学》，《文化环境研究》第三号，长崎：长崎大学环境科学部文化环境研究会编，2009年3月；《武内义雄的学问方法论》，《道南论衡：2009年台北地区研究生汉学学术研讨会论文集》，台北：政治大学中文系编2010年6月。

文章，德之见乎外者，威仪文辞皆是也；性者，人所受之天理；天道者，天理自然之本体。其实一理也。言夫子之文章日见乎外，固学者所共闻。至于性与天道，则夫子罕言之，而学者有不得闻者。盖圣门教不躐等。子贡至是始得闻之，叹其美也。〇程子曰："此子贡闻夫子之至论，而叹美之言也。"①

朱子基于自家哲学思想释义"性""文章""天道"三个关键词。首先，"文章"为可外见之物，即可以观察到的孔子之德，具体指孔子的容貌及语言。"威仪"使人自然产生敬畏之心，"文辞"指语言、辞藻。其次，"性"与"天道"乃人与生俱来所受之"天理"，即所谓"性"，而"天理自然之本体"即指"天道"，此二者实为一理。具体而言，朱子所谓"天理自然之本体"为"太极之全体"，亦或指"理"。太极动则为阳，静则为阴。阴阳生五行，五行生万物。换言之，人类世界全体由"理"和"气"构成，"气"乃形而下之物，指具体的事物。而"理"则为形而上之物，是宇宙存在之根本。虽然世间万物若无"气"，则形体无存，但形体之中，必有"理"的存在。朱子所言"万物各具一太极"即指此意。就人类存在而言，肉体由"气"构成，肉体之中，必定有"理"，即"太极"，故云"其实一理也"——作为各个太极的"性"与太极全体的"天道"实际上是"一理"。就孔门教谕而言，孔子之教殆属实践道德方面，指明何为善行，提倡人必须实施善行。而善行又是具体的行为，属于形而下之"气"，其中必然包含形而上之"理"，必然包含"性"与"天道"。之所以说人皆能善行，是因为人具有本然之"性"，即与生俱来所受之"天理"。但实际上，人皆善行是不可能的，这是因为每个人的气质不同，而"性"又有气质之"性"与本然之"性"之分。在朱子看来，孔子所言"性相近也，习相远也"的"性"与孟子的"性善说"的"性"并不相同，前者乃气质之"性"，属

①（宋）朱熹：《四书集注章句》，《钦定四库全书荟要》，长春：吉林出版集团有限责任公司 2005 年版，第 31 页。

于“气”;后者乃本然之“性”,属于“理”,是世间万物存在的根本。孔子之教注重实践,提倡门人弟子积累善行,渐次克服气质之“性”,回归本然之“性”,最终体悟“天道”。

简单而言,朱子认为,“文章”为孔子之德的外现,具体指容貌和言辞,“性”分为气质之性和本然之性,前者因人而异,各有不同,后者乃人所受之天理,人人皆同。“天道”是宇宙存在的根本,即所谓之“理”。其中特别是“性”和“天道”的解释,充斥着朱子的宇宙论。

狩野直喜则对朱子的注释展开猛烈的批判,首先指出“文章”释义中存在的矛盾:

> 古书中确有将“文章”释为德之外现之例,但不能套用于《论语》的解释。蕴涵于言语中之德,确实“可得而闻”,然显现于容貌之德焉能“得而闻”?再者,下文的“性”与“天道”亦绝非言语不能表达。既然孔子已悟得“性”与“天道”,作为伟大的教育家则应该传与弟子,岂有“不可得而闻”之理?此为朱子解释的矛盾之处。①

指出朱注矛盾所在后,狩野直喜结合徂徕的学说,进而阐述自身对“文章”的理解:

> “文章”解释为《诗》《书》《礼》《乐》最为恰当。徂徕云:“夫子文章礼乐也。”可吾人(狩野直喜)则认为“文章”不仅限于《礼》《乐》。通览《论语》则不难发觉,孔子以《诗》《书》《礼》《乐》作为教科书教,主张读书应由此开始。《论语·述而》篇中有“诗书执礼,皆雅言也。”其实,此绝非孔门独创的教育方法,早在周代既已如此。《礼记·王制》曰:“春秋教以礼乐,冬夏教以诗书。”……《孔子

①[日]狩野直喜:《〈论语〉〈孟子〉研究》,东京:美玲书房1977年版,第132页。

世家》记载："夫子四教，首在于文。"又言："夫子博我以文。"皆指《诗》《书》《礼》《乐》之文。其虽盛行于周代，却随周代之衰败而崩坏。孔子则将其加以整理，作为教育门人的教科书。即使《诗》《书》《礼》《乐》非孔子自创，亦可视其为夫子之"文章"。①

徂徕尝言"夫子之文章，谓礼乐也"②，而狩野直喜则通过检讨《论语》原文，并结合《礼记》和《孔子世家》记载的孔门教育方法，将徂徕的学说加以发展，主张"文章"不仅指《礼》《乐》，还包括《诗》《书》。并指出孔子选择此四者作为教科书之所以。至此，基于批判朱子给予"文章"一词的哲学含义，重新立足原典，恢复了古代语原本具有的意义。由此可见清儒的"舌人意识"已潜沉于狩野直喜对经典文字的诠释之中。其实，不仅徂徕，仁斋也认为："文章，指礼乐典籍而言。"③且最初对徂徕和仁斋的观点加以发展的亦非狩野直喜，略晚于徂徕的江户儒者太宰春台早已言明此观点，且江户后期的龟井南冥亦于《〈论语〉语由》中引用春台之说道："文章者何？诗书礼乐是也。"④同时刘宝楠也同样指出："夫子文章谓诗书礼乐也。"⑤可见，仁斋、徂徕的后学既已对其学说加以发展。而狩野直喜却延续古学派和考证学派的学说，将其传承至近代日本，从而开启日本近代中国学研究之先河。

其后，狩野直喜继而批判朱子对"性"和"天道"的释义：

朱子所谓"人所受之天理""天理自然之本体"等，皆基于周

①［日］狩野直喜：《〈论语〉〈孟子〉研究》，东京：美玲书房1977年版，第132–133页。

②［日］荻生徂徕：《〈论语〉徵》，《荻生徂徕全集》卷3，东京：美玲书房1977年版，第204页。

③［日］伊藤仁斋：《〈论语〉古义》，《日本名家四书注释全书》卷3论语部一，东京：凤出版1973年版，第66页。

④［日］龟井南冥：《〈论语〉语由》，《龟井南冥·昭阳全集》卷1，福冈：苇书房有限会会社1978年版，第57页。

⑤（清）刘宝楠：《〈论语〉正义》上册，北京：中华书局1990年版，第184页。

> 子《太极图说》,以哲学思想诠释经典文字实为宋学的流弊。《论语》原文中并无“天理”“本体”等言语,对于经典文字的释义而言,实属多余。[①]

狩野直喜指出,朱子的宇宙论受周敦颐的影响,极富哲学色彩的释义有悖于《论语》原典,进而阐述自身对于“性”和“天道”见解。

首先,关于“性”,狩野直喜说:

> “性”为人与生俱来的个性,因人而异。所谓某人性俊、某人性慢者,即指此意。换言之,“性”仅指气质之性,并不存在朱子所谓的本然之性……孔子认为,人之性虽千差万别,但人人皆可以从善。但事实上,人性虽善,但人往往不能向善。因为人见善行,方才懂得行善。若单以言辞论说人性之善恶,则毫无任何意义。与其如此,不如通过教授《诗》《书》《礼》《乐》,使人自然悟得人性之善。是为孔子不言“性”之所以。[②]

狩野直喜认为,所谓“性”,即人的个性,绝非朱子所谓的“理”,不具有高远的哲学含义。孔子之所以不言“性”则是因为,孔子虽主张性善,但在教育方法上却学问与实践并重,力图使弟子在学习和实践中领悟人性本善的道理。

最后,关于“天道”的意义,狩野直喜说:

> 宋儒所谓“天道”与古昔之“天道”大不相同。《后汉书·桓谭传》云“天道性命,圣人所难言也。自子贡以下,不得而闻。”又引《郑注》曰:“天道,七政变动之占也。”……汉代学者思想亦和孔

①[日]狩野直喜:《〈论语〉〈孟子〉研究》,东京:美玲书房1977年版,第132页。

②[日]狩野直喜:《〈论语〉〈孟子〉研究》,东京:美玲书房1977年版,第133–134页。

> 子思想有所不同。先秦古书中，“天道”大都与吉凶祸福相关。例如，《易传》云：“天道亏盈而益谦。”《左传》云：“天道多在西北。”《国语》云：“天道赏善而罚恶。”《老子》云：“天道无常，常与善人。”此等皆与凶吉祸福有关。故“天道”可释为有关凶吉祸福之说。但事实上，“天道”未必惩恶扬善，故有“天道是非”之论。正如“天道是非”论的出现，人们往往不相信“天道”赏善之说。故而孔子让弟子通过学习《诗》《书》《礼》《乐》，渐渐悟得“天道”常与善人之理。然孔子为何不言“天道”？如向弟子教授“天道”赏善惩恶之理，弟子则可能为趋吉避凶而行善，此有违道德教喻的本意。以此作为孔子不言“天道”之所以，最为妥当。①

不仅宋儒，汉儒对“天道”的解释亦不同于古义。汉儒所谓“天道”乃“七政变动之占”，实为基于“天人感应”“天人合一”思想之说，不同于先秦时代“天道”的意义。狩野直喜认为，先秦古典所记载的有关“天道”之说最接近孔子思想的原貌，故而根据《易传》《左传》《国语》《老子》等书的记载指出，“天道”为关于吉凶祸福之说。而孔子之所以不讲“天道”是因为，为趋吉避凶而行善与孔门的道德教喻不相符，与其如此，不如自学问发足轫，使门人渐渐领悟“天道”的意义。

关于“性”和“天道”的意义，仁斋曾指出：“性者，人之生质。皆可以进道。天道者，福善殃淫之常。”②且强调并非孔子不言“性”与“天道”，而是子贡未达圣人之境界，不能领悟罢了，即“子贡之德，不及圣人，故亦以夫子之言，为不可得而闻也。”③荻生徂徕认为：“夫子之言性与天道者，今随不传，然如中庸喜怒哀乐之未发一段，盖其绪言。子贡仅一闻之而深喜之。故

①[日]狩野直喜：《〈论语〉〈孟子〉研究》，东京：美玲书房 1977 年版，第 134–136 页。

②[日]伊藤仁斋：《〈论语〉古义》，《日本名家四书注释全书》卷 3 论语部一，东京：凤出版 1973 年版，第 66 页。

③[日]伊藤仁斋：《〈论语〉古义》，《日本名家四书注释全书》卷 3 论语部一，东京：凤出版 1973 年版，第 67 页。

曰不可得而闻也。”[①]结合《中庸》第一章则不难理解徂徕的观点,“性”为上天赋予人的秉性,遵循此种“性”而行,即为“天道”。龟井南冥则主张:“性与天道,《周易》传而述之。理致精微,夫子有时乎言之。子贡未达。故曰,不可得而闻也已矣。”[②]在南冥看来,“性”和“天道”蕴藏于《周易》之中,由于过于高深,尚未达到孔子之境界的子贡当然“不可得而闻”。

将以上江户儒者的论考较以狩野直喜,则不难发现,狩野直喜对前辈的学问是有所发展的,并非一味祖述。虽然对“性”和“天道”的解释和仁斋同出一辙,但狩野直喜并未视孔子为至高无上的圣人,认为并非子贡无法理解孔子所言的“性”与“天道”,而是孔子为避免弟子误入歧途,故意不讲“性”和“天道”,主张通过学问的修业,领悟真意。实际上,狩野直喜论述的是孔门特有教育方法,最为接近孔子思想的本意。可见,狩野直喜的《〈论语〉研究》具有强烈的近代色彩,摆脱传统汉学的护教性,近代人文科学研究者的立场迥异于江户封建儒者。

再者,就“性与天道,不可得而闻”一句的释义,刘宝楠在《〈论语〉正义》中大量引述自汉代至清代的诸家之说,并加以评价,但未做明确的论断。[③]虽然从表面上看,狩野直喜的结论似乎未受刘氏的任何影响,但对照两者则不难发现,狩野直喜的引证皆源自刘氏所引诸说。可见,清儒旁征博引的考证方法已融会贯通于狩野直喜的古典研究中。所以,狩野直喜称自身学问为考证学。最重要的是,狩野直喜对刘氏征引的各家之言一一加以甄别,并以此为依据,从新诠释“性”与“天道”,进而究明子贡所谓“不可得而闻”之究竟,成就一家之言。可以说,狩野直喜虽祖述清儒考证的方法,但取得的成就却远远超越了传统学术。

---

①[日]荻生徂徕:《〈论语〉徵》,《荻生徂徕全集》卷3,东京:美玲书房1977年版,第204页。

②[日]龟井南冥:《〈论语〉语由》,《龟井南冥·昭阳全集》卷1,福冈:苇书房有限会会社1978年版,第57页。

③(清)刘宝楠:《〈论语〉正义》上册,北京:中华书局1990年版,第184–186页。

（三）"环境条件"[1]研究：

讲义《〈论语〉研究》的独到之处（历史研究的视点）

讲义《〈论语〉研究》中"由《论语》所见孔子的事迹"部分主要以《论语》为中心材料，辅以《春秋左氏传》《春秋公羊传》《史记·孔子世家》等文献，爬梳孔子的生涯事迹。于此部分冒头，狩野直喜说：

> 《论语》记录孔子教义，并非孔子传记，故虽于《论语》中可散见孔子事迹，但仅根据《论语》，绝不可能编纂孔子传记。吾人（狩野直喜）想讲述的亦非孔子一生的完整事迹，而是其言行发生的时间和地点。……对于孔子的言行，必须从最初加以把握。孔子的言行，根据时间和地点的不同，常符合中庸之道，是为孔子作为孔子之所以。故欲知《论语》中孔子的教义，必先明确其生涯事迹。[2]

所言"由《论语》所见"，既已表明狩野直喜认识到《论语》是研究孔子的第一史料。基于此种认识，以《论语》为中心，结合《左传》《孔子世家》的记载，讲述孔子的一生。而讲述孔子生涯事迹的目的则在于结合事实，深刻理解孔子的思想。通览《论语》则不难发现，孔子的言行通常发生于特殊时间、特殊地点，或就特定人物而言，故欲把握孔子思想的真意，必须以历史研究的视点，了解孔子所处时代的背景、社会状况以及周围人物的情况。换言之，时间、地点以及人物所构成的所谓"环境条件"，是准确洞悉孔子思想的前提之一。吉川幸次郎曾指出："历来学者皆忽视环境条件的研究，实为狩野直喜讲述《论语》的新态度。"[3]

此部分中最为精彩的部分是，关于《论语·宪问》第二十一章的论述。

---

①[日]吉川幸次郎：《〈论语〉〈孟子〉研究》，解说，东京：美玲书房 1977 年版，第 314 页。

②[日]狩野直喜：《〈论语〉〈孟子〉研究》，东京：美玲书房 1977 年版，第 134–136 页。

③[日]吉川幸次郎：《〈论语〉〈孟子〉研究》，解说，东京：美玲书房 1977 年版，第 314 页。

孔子晚年曾向鲁哀公请愿出兵讨伐弑君的齐国乱臣陈恒，但未能成功。《论语·宪问》第二十一章原文如下：

> 陈成子弑简公，孔子沐浴而朝，告于哀公曰："陈恒弑其君，请讨之。"公曰："告夫三子。"孔子曰："以吾从大夫之后，不敢不告也。"君曰："告夫三子者，之三子告，不可。"孔子曰："以吾从大夫之后，不敢不告也。"

《论语》的记事极为简略，从中不能明确洞悉孔子请愿出兵的心情与初衷。幸有《左传·哀公·十四年》的记事较为详尽，结合两者的记载，则可了解孔子请愿出兵的深层含义。《左传》云：

> 孔丘三日斋而请伐齐三。公曰："鲁为齐弱久矣，子之伐之，将若之何？"对曰："陈恒弑其君，民之不与者半，以鲁之众，加齐之半，可克也。"公曰："子告季孙。"孔子辞，退而告人曰："我以从大夫之后也，故不敢不言。"①

孔子请愿出兵时，鲁哀公曾问孔子，一旦出兵，是否有胜算。孔子则仔细分析齐、鲁两国状况，认为虽然鲁国积弱已久，但陈恒弑君，会失去半数齐国民众的支持，以鲁举国之力，加以齐国半数民众，一同讨伐乱臣，则有必胜把握。可见，孔子在请愿时，既已成竹在胸。但宋儒对此大都持否定态度。譬如，朱子《〈论语〉集注》引用程子之语：

> 程子曰："《左氏》记孔子之言曰：'陈恒弑其君，民之不予者半。以鲁之众，加齐之半，可克也。'此非孔子之言。诚若如此，是

①[日]小仓芳彦译：《春秋左氏伝》(下)，东京：岩波书店 1990 年版，第 458 页。

以力不以义也。若孔子之志，必将正名其罪，上告天子，下告方伯，而率与国而讨之。至于所以胜齐者，孔子之余事也，岂计鲁人之寡众哉？"①

程子认为，有必胜把握方请愿出兵，是为"以力不以义"，是功利主义者的做法。孔子的责任在于首先"正名其罪"，然后"率与国而讨之"，至于胜负，则为"孔子之余事"。对于程子的见解，狩野直喜则进行如下批判：

于道德方面，宋儒极重动机。道德者所言所行，必须以道德为出发点，绝不考虑结果如何，故而否定《左传》的记事。……虽然孔子请愿讨伐齐国，应以"义"为先，但不计结果，贸然出兵亦有悖于常理。试问，伟大的孔子岂能如此无谋？再者，弑君之事如发生在鲁国，孔子不顾胜败，力主起兵诛杀乱臣，亦在情理之中，但为平齐国之乱，而不计胜负出兵讨伐，以祖国国运作为赌注，无论如何有悖常理的。②

在宋儒看来，孔子既已超越先王，成为圣人，具有最高的道德，理应不问胜败，一心为"义"而战。而对于狩野直喜而言，作为圣人的孔子，首先是人，是将鲁国视为祖国的鲁国国民，故而主张不顾国家命运，一心为"义"而战，绝非孔子的真意。

既然肯定，《左传》的记事，那么孔子力谏讨伐陈恒，其中有何深意呢？就此，狩野直喜结合当时鲁国的国情——"环境条件"指出：

从表面上看，讨伐陈恒，无非出自乱臣贼子人皆得而诛之之

①(宋)朱熹：《四书集注章句》，《钦定四库全书荟要》，长春：吉林出版集团有限责任公司 2005 年版，第 72 页。

②[日]狩野直喜：《〈论语〉〈孟子〉研究》，东京：美玲书房 1977 年版，第 92–93 页。

> 理。但吾人(狩野直喜)认为,其中蕴含着孔子的深意。对此虽无据可考,但结合当时鲁国的状况可做如下推测:孔子请愿讨齐,目的不在于齐,而在于鲁。根据《左传》可知,鲁国三桓和齐国陈氏颇为类似,且互通气脉。……在孔子看来,如果鲁国对陈恒弑君一事持旁观态度,不匡其罪,则鲁之三桓亦会效仿陈恒,为鲁国埋下祸根。反之,如果鲁国出兵,成功诛杀陈恒,无疑对三桓是一种震慑,故而孔子在有十分胜算的把握下,力谏讨齐。①

春秋时期被称为“下克上”的时代,乃“君不君,臣不臣”“礼崩乐坏”的时代。当时鲁国的国政由三桓把持,国情和弑君事件发生前的齐国相似。狩野直喜认为,如果鲁国对齐国的弑君事件坐视不理,同样的恶性事件则有可能发生在鲁国。为了避免重蹈齐国的覆辙,孔子极力主战,以此震慑三桓。

要之,狩野直喜对于孔子请愿伐齐事件的解读,是基于批驳宋儒歪曲孔子本意的基础上,在历史研究的视点下展开的。狩野直喜首先批驳程子以“义”为先,不计成败的主张有悖常理,说明宋儒心中理想型的孔子并非真实的孔子,主张应该将孔子视为普通人,才能正确地解读其所言所行的潜在意义。进而基于对孔子所处时代的社会状况,以及齐鲁两国情势的分析展开论述,精确剖析出孔子力谏伐齐的原委,使《论语》的记事得以明朗化、详细化。此即为吉川幸次郎所谓被历来学者所忽略的“环境条件”的研究。故而,以历史研究的视点,结合孔子所处的“环境条件”解读《论语》,是为狩野直喜讲述《论语》的独到之处。

---

①[日]狩野直喜:《〈论语〉〈孟子〉研究》,东京:美玲书房 1977 年版,第 92-93 页。

第三节　狩野直喜《论语》学的定位

批判江户朱子学是讲义《〈论语〉研究》的最基本观点。狩野直喜讲述《论语》，不仅继承了江户古学派和清朝考证学派的学问方法，而且在继承传统学术的基础之上有所展开。尤其值得一提的是，以历史研究的视点解读《论语》，为历来学者所忽视，可谓狩野直喜讲述《论语》的独到之处。

《〈论语〉研究》是明治四十二年至明治四十三年年狩野直喜在京都大学的讲义。这一时期恰逢传统汉学谋求革新，近代中国学力图崛起。作为京都中国学派创始人的狩野直喜，其学问与学风皆通过讲义，传承给门下弟子，对后学的影响深远。无论是江户古学派的学问，还是清朝考证学的学风，以至于狩野直喜独特的历史研究的视点，皆为武内义雄、吉川幸次郎等弟子继承和发扬。更重要的是，武内、吉川等不但秉承狩野直喜的学问和学风，而且将其实际应用于不同的研究领域之中，从而各自掀起独自的旗帜。譬如，武内义雄完全接受了清儒考证的学风和方法，基于伊藤仁斋的“上、下《论》”之说，考订《论语》的篇章字句，并以思想史学的视角，辨析先秦儒学的展开经纬。①吉川幸次郎则效仿“由《论语》所见孔子的事迹”

①[日]武内义雄：《〈论语〉之研究》，《武内义雄全集》卷1，东京：角川书店1978年第2版，第13-195页；详见拙稿《武内义雄的〈论语〉研究》，《东亚汉学回顾与展望论文集——长崎中国学会会刊创刊号》，长崎：长崎中国学会编，2010年版。

章，同样以《论语》为中心，追溯孔子的一生，并结合孔子的生涯事迹，详尽论述孔门的学问观、人生观、道德观、政治论以及战争论。[①]再者，和辻哲郎、贝塚茂树虽非狩野直喜的嫡传弟子，但皆效仿其以《论语》为中心，讲述孔子的生涯事迹。[②]而东洋史学家宫崎市定，却基于对清朝考证学的反思，指出考证学的流弊所在，进而提倡新的研究方法。[③]虽然宫崎市定的主张与狩野直喜背道而驰，但试问：若无狩野直喜的传承，何来后学的反思与创新？

综上所述，日本近代《论语》学，特别是京都中国学派的《论语》研究大都是在狩野直喜讲义的基础上展开的，讲义《〈论语〉研究》可谓日本近代《论语》学系谱的起点。纵观自江户、明治、大正乃至昭和时代的《论语》研究状况则不难发觉，近世隆兴的江户古学派反朱子学学风以及考证、考据的学问方法，由狩野直喜通过讲述《论语》得以传承至近代，并在后学继承、发展乃至反省、批判的基础之上，衍生出不少更为卓越的《论语》论著。故而可以说，于近世至近代的历史转折点，狩野直喜的《〈论语〉研究》在学术上具有承上启下的作用，意义重大。

---

①［日］吉川幸次郎：《关于〈论语〉》，东京：讲谈社 1976 年版，第 54–277 页。

②［日］和辻哲郎：《孔子》，东京：岩波书店，2009 年版；［日］贝塚茂树：《孔子》，东京：岩波新书 1963 年版。

③［日］宫崎市定：《〈论语〉之新研究》，东京：岩波书店 1974 年版；详见拙稿《宫崎市定的〈论语〉研究》，《鹅湖》424，台北：鹅湖月刊社 2010 年版。

小　结

京都中国学派的创始者狩野直喜脱却旧来传统日本汉学的护教主义和教条主义，力辟宋明理学空疏的学风，以清朝考证学的实证主义为出发点，视中国的学问为纯粹的、客观的研究对象，从而开日本近代中国学研究之先河。作为日本近世汉学传统研究，江户儒者无论学派门户，大都以关于《论语》的讲义或著作彰显自家学问，《论语》学可谓江户汉学之显学。狩野直喜立志革新传统汉学，树立近代中国学，同样选择讲述《论语》，彰显古学派和清朝考证学的学问，对抗江户儒学的主流。所以，讲义《〈论语〉研究》中的观点明示"狩野学"的特质所在。

讲义《〈论语〉研究》中的观点，大体可归纳为以下三点：

1. 批判朱子学

批判朱子学是讲义《〈论语〉研究》中狩野直喜所持最基本的观点，特别是《就〈论语〉经本的解释》部分最具代表性。其中，狩野直喜基于程朱二子的批判，重新解释"仁"和"孝悌"的本末关系，释义"道"和"忠恕"的内涵。

2. 继承和发展江户古学派和清朝考证学派的学问

狩野直喜批判朱子学的基本观点乃继承江户古学派儒者的主张，所持语言学的研究态度，亦与清儒所谓“舌人意识”与徂徕提倡的“古文辞学”一脉相通。虽然如此，狩野直喜对传统学术并非一味地祖述，而是有所发展。譬如，虽然对“文章”的释义，基本上承袭古学派和清儒之说，但对于“性”与“天道”的释义，一方面继承古学派和清儒的主张；另一方面则摒弃古学派的护教主义倾向，且引用诸说之后的论断颇为明确，可谓超越清儒。

3. 历史研究的视点

以历史研究的视点，结合孔子生存时代的“环境条件”，解析《论语》的记事，是为讲义《〈论语〉研究》的特色所在。最典型的实例即为关于《论语·宪问》“陈成子弑简公”章的解说。

京都中国学派始祖狩野直喜的学问，以讲义的形式传承后学。无论批判朱子学的观点，或视述古学派和清儒的学问方法，皆通过讲义《〈论语〉研究》，被武内义雄、吉川幸次郎等后学继承，进而衍生出更为卓越的《论语》论著，贡献学界。可以说，日本近代《论语》学的展开大都基于讲义《〈论语〉研究》，狩野直喜的《论语》学实可谓日本近代《论语》学的起点。

第二章 武内义雄的《论语》学：思想史学家的《论语》研究

本章主要以武内义雄的《〈论语〉之研究》为中心，明确武内义雄研究《论语》的态度，说明确定《论语》异本系统及其注释书系统的方法，分析《论语》文本批判的手法及其最终目的，进而从《论语》研究的侧面，探讨“武内学”的特色所在。

第一节 武内义雄的学问：中国思想史学[①]

武内义雄（1886—1966），日本近代中国思想史学家，成功完成哲学研究向思想史学研究的飞跃，是日本近代中国思想史学研究方法的创立者。作为狩野直喜的嫡传弟子，武内义雄不但是文献考证的巨匠，也被誉为日本中国思想史学的始祖。[②]

明治十九年（1886），武内义雄出生于三重县内部村小古曾（今四日市市）真宗高田派的愿誓寺，字谊卿，号述庵，其父武内义渊乃知名学问僧。青年时代负笈京都大学，主修中国哲学史。毕业后，就职于大阪府立图书馆，后任怀德堂讲师，最终赴仙台东北大学，任法文学部教授，开设中国学第一（中国哲学）讲座。历任法文学部学部长、图书馆馆长等要职后退官，成为名誉教授。作为学士院会员，尝任东宫御用掛，为昭和天皇讲授中国哲学。昭和三十五年（1960），荣获“文化功劳者”称号。昭和四十一年（1966）逝世，享年八十岁。[③]

①详见拙稿《武内义雄的学问方法论》，《道南论衡：2009年台北地区研究生汉学学术研讨会论文集》，台北：政治大学中文系编，2010年版。

②连清吉：《日本现代中国思想史学的创立者：武内义雄》，《鹅湖》393期，台北：鹅湖月刊社2008年版，第43–52页。

③金谷治：《武内义雄》，《东洋学之系谱》，江上波夫编，东京：大修馆书店1992年版，第250页。

武内义雄主著有《老子原始》《老子之研究》《老子和庄子》《诸子概说》《中国思想史》《〈论语〉之研究》《〈易〉与〈中庸〉之研究》《中国学研究法》等，由金谷治、小川环树、神田喜一郎、贝塚茂树、吉川幸次郎等学者编纂成为《武内义雄全集》（全十卷），前后于昭和五十三年（1978）、昭和五十四年（1979）由角川书店出版发行。

金谷治认为武内义雄的学术生涯大体可分为三个时期：京都大学求学时代、东北大学讲授时代、晚年著述时代。[①]

京都大学求学时代，武内义雄深受狩野直喜《清朝学术沿革史》讲义影响，开始尊崇清儒考证的学风。后又研读阎若璩的《〈尚书〉古文疏证》，敬服此书考证之精确及引证之赅博，自谓："吾人（武内义雄）如能写出一部如同《〈尚书〉古文疏证》一般的著作，则死而无憾矣。"[②]由此可见，青年时代的武内义雄即已确立以清朝考证学为基础的学问风格。

大正十二年（1923），三十七岁的武内义雄任东北大学法文学部教授，主讲中国学第一（中国哲学），自此开启二十余年的教学研究生涯，即所谓东北大学讲授时代。在东北大学任教期间，《〈老子〉原始》《〈论语〉之研究》《诸子概说》等先秦诸子学关系的著作相继问世。不仅如此，在培养后学方面亦功绩显著。其门下弟子金谷治以及再传弟子町田三郎皆为"武内学"的后继者，为诸子学研究领域贡献颇丰。可以说，武内义雄使东北大学成为日本近代先秦诸子学研究的重镇。

武内义雄晚年由仙台移居东京，任宫内御用掛的同时，开始专心著作。其间应东北大学来访学生请求，整理诸多旧稿，撰著《中国学研究法》。此书为武内义雄学问圆熟后的著作，可谓生涯学问之集大成。

古稀祝寿宴会上，武内义雄以"高邮王氏的学问"为题演讲。所谓"高

---

①［日］金谷治：《武内义雄》，江上波夫编著，《东洋学之系谱》，东京：大修馆书店 1992 年第 2 版，第 250–258 页。

②［日］武内义雄：《学究生活的回忆》，《思想》，东京：岩波书店 1995 年版，第 1122 页。

邮王氏”，指乾嘉时期极负盛名的王捻孙、王引之父子，乃继戴震、段玉裁之后，清朝考证学的代表学者，世称“戴震二王之学”。演讲中武内义雄盛赞二王致密实证的学风，最后引用王引之之语：“吾治经，于大道不敢承，独好小学。夫三代之语言与今之语言，如燕越之相语也。吾治小学，吾为之‘舌人’焉。”[①]王引之自谓其学问并非“大道”——儒家哲学，而是小学——训诂学，故常以“舌人”（将古代语的意义如实传承至现代的翻译者）自觉。“舌人意识”也是武内义雄古典研究的底据。

要之，武内义雄的中国学研究以清朝考证学为出发点和基础，以王引之的“舌人意识”为座右铭，以正确解读原典作为古典研究和历史研究的前提。无论是校勘学、原典批判学，或是基于原典批判的思想史学，皆自正确解读经典原文发足，这正是“武内学”的性格。

“武内学” 大致可分为两方面的内容：一为集中日考证学之大成的文献考证学；二为建立在文献考证学基础之上的中国思想史学。此两者绝非毫无关系彼此独立。前者是后者的基础，后者是由思想研究、哲学研究向思想史学研究的转换或飞跃。

1. 文献考证学

武内义雄的古典研究乃融会贯通训诂学、目录校勘学以及原典批判学的文献考证学，具有一定的独创性。

首先就训诂学而言，武内义雄主张从字形、字音、字义三个方面考究文字，目的在于究明文字意义，进而能够正确解读古典。譬如，考究汉字的构造，目的在于究明汉字的本义；音韵研究则以“明古音以正训诂”[②]为出发点。关于武内义雄的文字学，金谷治曾评价：“（武内义雄）先生（的文字学）是其研究方法的根底，将重点置于归纳使用例的训诂方面，即旨在正

①[日]武内义雄：《中国学研究法》，《武内义雄全集》卷9思想史篇二，东京：角川书店1979年第2版，第428–429页。

②[日]武内义雄：《中国学研究法》，《武内义雄全集》卷9思想史篇二，东京：角川书店1979年第2版，第431页。

确解读古典的文字学,而非一味探究文字的形音。”[1]可见,“正训诂”——正确解读古典的内容是文献考证的基础，也是武内义雄所言训诂学的精髓所在。

其次关于目录学，武内义雄主张目录学和小学是中国古典研究的基础学问,强调基于既成古书目录进行文献高级批判和校勘的方法,而并非制作目录的方法。武内义雄认为,依据书名目录,可以判别书籍的来历和存逸;依据分类和解题,可以考究版本的源流,订正古典的错误,甄别书籍的真伪。换言之,是以目录学为方法,辨伪、校勘、考究版本的源流和系统,即所谓“目录校勘学”。武内义雄援用目录校勘学进行古典研究的最初业绩是为《〈论语〉之研究》。其实,重视目录学乃京都中国学派的传统,内藤湖南著有《中国目录学》,狩野直喜于《中国哲学史》中也强调文本批评、训诂和校勘是中国古典的研究法，而目录学则是选别中国哲学史史料的重要方法。[2]

原典批判的方法确立于西欧古典研究，武内义雄受恩师内藤湖南影响,将原典批判学用于中国古典研究。内藤湖南彰显江户儒者富永仲基的“加上法”。所谓“加上法”,简单而言即为“一切思想学说均系其之前存在的思想学说的基础之上加上而成”[3]。换言之,思想学说的内容越简单,其成立年代越早;反之,思想学说的内容越高深,其成立年代越晚。

富永仲基首创“加上法”用以考察佛教发展的经纬,内藤湖南推而广之,用以研究思想形成的历史,而武内义雄则以“加上法”作为原典批判严正的尺度和标准,考察中国思想间的相互影响,以便确定其于历史上的先后关系。不仅如此,武内义雄提倡的小学和目录学,也同样可以用于古典

①[日]金谷治:《中国学研究法》,解说,《武内义雄全集》卷9思想史篇二,东京:角川书店1979年第2版,第429页。

②[日]狩野直喜:《中国哲学史》,东京:岩波书店1968年版,第25-29页。

③[日]武内义雄:《中国学研究法》,《武内义雄全集》卷9思想史篇二,东京:角川书店1979年第2版,第52页。

文献批判。博士论文《老子原始》是武内义雄原典批判学的最初成果，而广获学界好评的则为《〈老子〉和〈庄子〉》以及《〈论语〉之研究》。

要之，武内义雄的文献考证学凡训诂学、目录校勘学和原典批判学。以训诂学正确诠释原典，以目录校勘学考究古典版本的源流和系统，确定正确版本，以"加上法"作为标准尺度进行文献批判，考察古典的成立。众所周知，训诂考据的学风勃兴于中国，至清代鼎盛，而校勘学却渊源于日本学者山井鼎的《七经〈孟子〉考文》。①故而可以说，武内义雄的文献考证学融合了清朝训诂学和日本校勘学，其独创性在于援用目录学和原典批判的方法。

2. 中国思想史学

如前文所述，武内义雄以"加上法"作为原典批判的尺度和标准，考察中国思想间的相互影响，确定先后关系。如果明确此种相互影响及先后关系，则可明晰中国思想产生、因革、变化之过程，即可究明中国思想形成发展的历史轨迹。因此，武内义雄的原典批判学是与思想史学相关联的，是文献考证学向思想史学发生飞跃的关键所在。

譬如，《〈老子〉和〈庄子〉》中，武内义雄通过批判现存道家关系文献，整理道家思想的先后关系，进而勾勒出"兴起于宋的原始道家之面貌""由宋波及至楚的道家思想之实态""于齐稷下道家向法家转化之趋势" 以及"自稷下学士分散后至汉初的道家思想之推移"这样一幅周末至汉初的道家思想展开史。②

又如，《〈易〉与〈中庸〉之研究》中，武内义雄通过批判《礼记》四篇（《中庸》《表记》《缁衣》《坊记》（《子思子》关系文献）的内容，探究其间的相互影响，确定成文先后顺序，从而辨明子思学派思想由"中"的道德说向"诚"的

①［日］武内义雄：《论语之研究》序说，《武内义雄全集》卷1论语篇，东京：角川书店1978年第2版，第43页。

②［日］武内义雄：《老子和庄子》，《武内义雄全集》卷6诸子篇一，东京：角川书店1978年第2版，第492页。

哲学发展的历史轨迹。[①]

如以上两例所示，武内义雄的文献考证学，特别是原典批判的方法与思想史学关联密切。于训诂、校勘的基础之上，加以原典批判考究思想的关联性，确定文献成立的先后顺序，进而究明中国思想展开的历史经纬，这种方法即为武内义雄创立的中国思想史学研究法。所以，武内义雄不仅是文献考证派大师，同时也是日本近现代中国思想史学的创始者，巨著《中国思想史》即为思想史学研究的代表性著作。

要之，武内义雄独创的文献考证学兼训诂学、目录校勘学、原典批判学为一身，且与思想史学研究密切相关，以“加上法”作为原典批判的尺度和标准，是文献学向思想史学转变的关键。

①[日]武内义雄：《〈易〉与〈中庸〉之研究》，《武内义雄全集》卷3儒教篇二，东京：角川书店1979年第2版，第8–153页。

第二节 武内义雄《论语》学的特色

武内义雄的《〈论语〉之研究》于昭和十四年(1939)十二月由岩波书店出版发行。书端中记有此书之由来：昭和三年(1928)末，武内义雄于京都大学高濑武次郎教授还历纪念讲演会上首次发表此书之构想。[①]翌年，著者自身于《支那学》第五卷一号上发表论文《〈论语〉原始》，阐述《〈论语〉之研究》的梗概大意。和辻哲郎受武内义雄演讲的影响，于昭和十三年(1938)年撰著《孔子》，介绍武内义雄《论语》研究的构想和观点。可见，《〈论语〉之研究》于问世之前即已广受期待，出版后反响强烈，短期内曾几度再版，[②]最终收录于《武内义雄全集》卷1(论语篇)之中。

一、《〈论语〉之研究》的构成

《〈论语〉之研究》包括“序说”和“结论”在内凡八个部分。根据各部分之主旨，笔者认为以第二章《〈论语〉的原典批判》为界，可划分为前后两大

①[日]武内义雄：《〈论语〉之研究》，书端，《武内义雄全集》卷1论语篇，东京：角川书店，1978年第2版，第13-14页。

②[日]金谷治：《武内义雄全集》卷1，论语篇，解题，东京：角川书店1978年版，第13-14页。

部分。包括序说和第一章《〈论语〉的异本及其校勘》的前半部分主要讲述汉代以后中国和日本《论语》经本的变迁史和注疏史;第二章《〈论语〉的原典批判》以下的后半部分主要通过对《论语》的原典批判,从而究明其最为原始之相貌。笔者以为,后半部分乃武内义雄最为倾注心血的研究,最为得意之论,也是此书最为精彩之处。

二、武内义雄研究《论语》的态度

《〈论语〉之研究》序说部分中,武内义雄概述日本的《论语》研究状况,将伊藤仁斋的《〈论语〉古义》、荻生徂徕的《〈论语〉徵》以及山井昆仑的《七经〈孟子〉考文》作为重点加以解说,并对仁斋所用原典批判的方法、徂徕所提倡言语学的研究态度,以及山井昆仑开校勘学之先河给予了相当高的评价:

> 迩来中国学者认为经书神圣,不可妄自批判。而吾国(日本)仁斋、春台则尝试对经典展开高等批判,从而赋予《论语》研究之新生面,学术价值不容否认。……徂徕涉猎先秦古书,归纳语言使用例,试图以语言学的方法研究中国古典,不愧为时代先端的学者。然清儒之学并不逊色于徂徕之学,训诂考据绝非徂徕一人独领风骚。……清儒阮元广搜彼土(中国)之古本,效仿山井鼎(山井昆仑)《七经〈孟子〉考文》,撰著《十三经校勘记》,开校勘学之先河。……校勘学渊源于山井昆仑《七经〈孟子〉考文》,是吾国(日本)学术影响中国学界者之代表,具有不朽的功绩。①

于此基础之上,武内义雄进而明确规定自身关于《论语》研究的重点和态度:

①[日]武内义雄:《〈论语〉之研究》,"序说",《武内义雄全集》卷1论语篇,东京:角川书店1978年第2版,第42–43页。

并非仅限于《论语》，凡古典之研究必须进行两方面的基础作业：一为以校勘学确定正确的经本；二为辨析书物之来历并进行严密的原典批判。吾国(日本)先儒曾开创《论语》校勘和原典批判之先河，而清朝考证学者很早既已吸收校勘学的方法，并于此基础之上创立极为细致的训诂之学，却没有充分的应用原典批判的方法。诚然，于为数众多的清朝考证学家之中，不乏如同崔述一般敢于对经典进行批判的学者，但总体而言，在中国的学者看来，经书系颇为神圣之物，切不可妄自加以批判。故而清朝考证学家并没有广泛的应用原典批判的方法，此实为清朝考据学的一大缺憾。吾人(武内义雄)欲以此拙著填补这一缺憾，通过对《论语》的文本批评，判定其中各个部分的成文年代，进而明晰孔子教最为原始之面目及其展开轨迹。①

对于武内义雄而言，校勘和原典批判是古典研究的基础作业。所谓“校勘”是指“比较照核异本异文，订正文字，确定正确的文本”②；所谓“原典批判”是指“批判性质的分析古典文献，订正传统通说的谬误”③。而《〈论语〉之研究》最注重的是《论语》的原典批判，正如武内义雄自身所言，原典批判的最终目的并非仅在于订正文本的错误，而是将《论语》二十章分为若干部分，究明各部分的成立，进而辨析儒家思想的展开经纬。这明显是思想史学的研究方法，是武内义雄创立的学问方法论。另外，于《〈论语〉之研究》的结论部分，还明确强调自身古典研究的态度：

①[日]武内义雄：《〈论语〉之研究》，序说，《武内义雄全集》卷1论语篇，东京：角川书店1978年第2版，第43–44页。

②[日]金谷治：《武内义雄》，《东洋学之系谱》，江上波夫编著，东京：大修馆书店1992年第2版，第251页。

③[日]武内义雄：《中国学研究法》，《武内义雄全集》卷9思想史篇二，东京：角川书店1979年第2版，第46页。

> 并非仅限于《论语》,凡古典之研究必须持三种态度:第一,以语言学的方法解释字句,究明意义,即所谓训诂学的研究态度;第二,研究者以疏解经义的方式,寓意自身思想,将自身的理想和抱负寄托于经典的释文,即宋明性理学家的研究态度;第三,考究书籍的变迁,探究其源流,试图阐明古典最原始的意义,即批判的态度。吾人(武内义雄)尝试以第三种态度研究《论语》。①

换言之,武内义雄的《论语》学始终贯穿着批判主义的学问意识和研究态度。

三、确定《论语》注释书的系统:文献考证的方法

同于序说中,武内义雄说:"选择具有代表性的《论语》注释书为《论语》研究的第一步。"②然现存《论语》注释书数量之多,可谓数不胜数。武内义雄从中筛选出具有代表性者,加以详细说明和严密考证,将其系统化。

具体而言,何晏《〈论语〉集解》叙③记载,汉代《论语》有《鲁论》《齐论》以及《古论》三种经本。基于《论语》校核《齐论》而成《张侯论》,而包咸的《〈论语〉包氏章句》以及《〈论语〉周氏章句》(无法考证周氏)则基于《张侯论》。另外,孔安国的《〈论语〉孔氏训解》、马融的《〈论语〉训说》、郑玄的《〈论语〉郑氏注》皆以《古注》为依据。最后问世者乃曹魏陈群的《〈论语〉陈氏义说》、王肃的《〈论语〉王氏义说》以及周生烈的《〈论语〉周氏义说》。何晏《〈论语〉集解》在则广集孔安国、包咸、周氏、马融、郑玄、王肃、陈群、周

①[日]武内义雄:《〈论语〉之研究》,"结论",《武内义雄全集》卷1论语篇,东京:角川书店1978年第2版,第192页。

②[日]武内义雄:《〈论语〉之研究》,"序说",《武内义雄全集》卷1论语篇,东京:角川书店1978年第2版,第19页。

③何晏:《〈论语〉集解》叙,《汉文大系》(一),台北:新文丰出版有限股份公司1994年版。

生烈八家之说的基础上，以自家之说弥补诸说不足之处，但并未言明众多《论语》注释书的性质、内容以及相互间的关系。就何晏未能解决的问题，武内义雄则首先详细考证《熹平石经》中的五条《论语》校记，依据《熹平石经》后记记录《张侯论》与包咸、周氏《章句》之异同，想定《张侯论》大体内容，进而说明包咸、周氏《章句》乃踏袭《张侯论》之作，同时证明包咸、周氏《章句》乃后世郑玄《论语郑氏注》的源流。其次，何晏列举古文学的《论语》注释家有孔安国和马融两人，而武内义雄赞同清儒之说，主张《〈论语〉孔氏训解》系伪作。如此，古文《论语》注释仅剩马融一家。再将唐代陆德明《陆氏经典释文》中郑玄的校语较以汉石经残字，说明郑玄依据《古论》订正《张侯论》，而《张侯论》又基于《齐论》和《鲁论》的对校而成，故而可以说，《鲁论》《齐论》《古论》之异同由郑玄一人之手统和归一。最后，武内义雄依据何晏《〈论语〉集解》所引王肃、陈群、周生烈的遗文，究明此三家注释的特色所在。至此，何晏《〈论语〉集解》叙中列举的诸多《论语》注释书的内容及其相互关系变得颇为明晰。于此基础之上，武内义雄主张："研究《论语》，必须以包咸、马融、郑玄三家之注为标准和出发点。"[①]即为《论语》研究确定了标准的注本。另一方面，众所周知，以上三家注释，除古今文学折中派郑玄的《〈论语〉郑氏注》仅存残简和辑本之外，今文派包咸《〈论语〉包氏章句》和古文派马融《〈论语〉训说》皆散逸不传。故而，研究《论语》必须自何晏《〈论语〉集解》入手。另外，后世基于何晏《〈论语〉集解》敷衍、演绎之作亦为数不少，梁代黄侃的《〈论语〉义疏》、宋代邢昺的《〈论语〉正义》、清儒刘宝楠的《〈论语〉正义》以及潘维城的《〈论语〉古注集笺》是为代表。武内义雄比较以上四家注疏，品评优劣，进而说明四家注疏皆属于何晏《〈论语〉集解》同一系统。独立于何晏《〈论语〉集解》系统之外的是南宋朱子《〈论语〉集注》系统的注释，特色在于广集二程子为首的北宋诸儒之

①[日]武内义雄：《〈论语〉之研究》，序说，《武内义雄全集》卷1论语篇，东京：角川书店1978年第2版，第33页。

说，着重义理方面的解说。武内义雄最后指出，永乐年间的《〈论语〉大全》、清儒黄式三的《〈论语〉后案》以及简朝亮的《集注述疏》是属于朱子《〈论语〉集注》系统的代表性注释书。[①]

以上是武内义雄整理的中国《论语》经本的变迁及其注释史。简单而言，武内义雄首先对汉代以后的《论语》注释书加以详细的解说，在回顾中国《论语》注疏史的同时亦将古来众多的《论语》注释书分为何晏《〈论语〉集解》和朱子《〈论语〉集注》两大系统，并主张何晏《论语集解》集古今文学者之大成，研究《论语》应自此书入门，尤其强调应以其中所收录的包咸注（今文）、马融注（古文）和郑玄注（古今文折中）作为《论语》研究的出发点。此种观点虽为当今学界的常识，其中却蕴含着武内义雄自身独特的学问方法。

譬如，为明确《张侯论》与《包咸注》《周氏注》之关系，武内义雄对汉代的《熹平石经》进行了详尽的考证。《熹平石经》既已亡佚，直至宋代才出土部分残碑，其中关于《论语》的校记部分仅有五片，且文字尚不完整。武内义雄以其极为广博的文献学知识，以及敏锐的洞察力，通过一系列严密的文献学操作，首先确定五块残片的先后顺序，而后又补正其残缺的文字。[②]

又如，据传《〈论语〉郑玄注》中记有五十条郑玄的校语，然陆德明《经典释文》中仅载有二十七条，无人知晓其余二十三条的内容。武内义雄将现存的二十七条和《汉石经》残字、《〈论语〉郑玄注》残本进行比较，从而最大限度地复原既已散佚的二十三条校语，并以此为根据，想定《〈论语〉郑玄注》的内容和特色。[③]

①[日]武内义雄：《〈论语〉之研究》，序说，《武内义雄全集》卷1论语篇，东京：角川书店1978年第2版，第18–39页。

②[日]武内义雄：《〈论语〉之研究》，《武内义雄全集》卷1论语篇，东京：角川书店1978年第2版，第19–24页。

③[日]武内义雄：《〈论语〉之研究》，《武内义雄全集》卷1论语篇，东京：角川书店1978年第2版，第25–30页。

以上所举实例均为非常严密的文献学操作，显示了武内以清朝考证学为基础的学问性格，可以有力地证明武内义雄是文献考证派的大师。

四、确定《论语》异本的系统：目录校勘学的方法

《论语》是自古以来广为人知的儒学经典，异本颇多，可谓数不胜数。故而选择异本进行校勘确非易事。而武内义雄却依从"异本之对校贵精善而非贵量多"[①]的原则，将中国唐代开元石经版《论语》和日本教隆版《论语》定为标准经本。

其实，确定中国正确的《论语》经本并非难事。阮元的《十三经校勘记》中《〈论语〉校勘记》的冒头部分记载九种《论语》经本，其中纯然中国本土资料仅有汉石经版《论语》和唐石经版《论语》，完整保存至今的则只有唐开元石经。较而言之，确定日本《论语》的正确经本则相对困难。山井昆仑《七经〈孟子〉考文》采用的《论语》经本凡三种，皆为室町时代之后的版本，难谓可用于校勘的善本。吉田篁墩《〈论语〉集解考异》中引用的《论语》古本比《七经〈孟子〉考文》中的《论语》经本精善良多。但由于来历与性质颇为不明，亦不可用于校勘。另外，根据明经博士清原家的旧跋，似乎可以视《嘉和钞〈论语〉集解十卷》和《正和钞〈论语〉集解十卷》为标准经本，然此二者之间的关系又颇为不明，且历代目录解题也没有记载二者文本的异同。而武内义雄则考究这两种《论语》经本于经文和注文方面的异同，并通过比较"奥书"（用以印刷书籍的底本）的方法，判定二者皆出于清原家教隆版《论语》系统，故而认定教隆本《论语》乃日本《论语》的标准经本。[②]

以上是武内义雄校勘《论语》文本，确定中日两国《论语》标准经本的

---

①[日]武内义雄：《〈论语〉之研究》，《武内义雄全集》卷1论语篇，东京：角川书店1978年第2版，第65页。

②[日]武内义雄：《〈论语〉之研究》，《武内义雄全集》卷1论语篇，东京：角川书店1978年第2版，第45-59页。

过程。其中应该注意的是武内义雄用以确定书物系统的方法。其曾于《中国学研究法》中指出:“欲正诸书之系统,须依据古人之目录解题书,若无著录则应根据奥书版式加以判定。”[①]即以目录学的方法来确定书物的系统。武内义雄确定《论语》考经本系统的作业便是从检讨《〈论语〉校勘记》《七经〈孟子〉考文》和《〈论语〉集解攷异》等书中所记载的引据书目发足,且其通过比较“奥书”,确定《嘉历钞〈论语〉集结十卷》和《正和钞〈论语〉集解十卷》之系统的方法亦值得借鉴。特别值得一提的是,武内义雄对日本的《论语》经本系统的研究颇为详细,可谓达前人未到之境界。

确定《论语》的标准经本之后,武内义雄将两者进行对校,留意其间异同,且参考其他古籍中征引的《论语》遗文,最终完全校订了现行本《论语》,并于昭和十三年(1938)由岩波书店出版发行。

五、《论语》的原典批判:由文献学至思想史学

《〈论语〉之研究》一书中,武内义雄最为着重论述的是第二章《〈论语〉的原典批判》及其以下部分,堪当此书之主体。

(一)《论语》的源流

根据《汉书·艺文志》的著录及何晏《〈论语〉集解》叙中所载的“刘向说”[②]可知,西汉时存在《鲁论》《齐论》和《古论》三种《论语》,其中《古论》为汉武帝时自孔子壁中发掘之物,其余两《论》之所出及年代皆不为人知。关于《齐论》和《鲁论》的成书年代,武内义雄说:

吾人(武内义雄)首先考察《汉志》和何晏《集解》叙中所录传

①[日]武内义雄:《中国学研究法》,《武内义雄全集》卷9思想诗篇二,东京:角川书店1979年第2版,第31页。

②何晏:《〈论语〉集解》叙,《汉文大系》(一),台北:新文丰出版有限股份公司1994年版。

承齐鲁二《论》学者的生存年代。先考虑《齐论》学者……以上六人之中，唯王卿系武帝时代学者，其余五人皆生存于宣、元二帝时代……再考虑《鲁论》学者……以上七人之中，除龚奋一人生存时代不详之外，鲁扶卿为武帝时代学者，其余皆生存于昭、宣二帝之后。是故，传《鲁论》、《齐论》者大都为武帝之后的学者，皆勃兴于《古论》问世以后。①

武内义雄首先调查传承齐鲁二《论》学者的生存年代，证明这些学者皆为武帝以后宣、元二帝时之人，故而主张齐鲁二《论》应成立于《古论》以后。继而，就三《论》之间的关系，武内义雄说：

陆氏《释文》有载，东汉郑玄以《鲁论》周氏本对校《古论》，订正五十余处。拙著〈序说〉部分既已言及，陆氏《释文》中仅征引郑玄所订正五十余处中的二十四处。虽然如此，细玩此二十四处，且与许慎《说文》对照则不难看出，郑玄所谓之“古文”不同于许慎所见之古文。《说文》中引用的古文《论语》确实出自孔壁，而郑玄所见“古文”《论语》实为隶古定本……故而两者所引“古文”有所不同……至于《古论》和《鲁论》的关系，可以由文字入手加以考究。《论语·述而》篇“吾未尝无诲”的“诲”字，《鲁论》读“悔”；“君子坦荡荡”的“荡”字，《鲁论》读“汤”。《论语·子罕》篇“不为酒困”的“困”字，《鲁论》读“魁”。《论语·乡党》篇“君赐生必蓄之”的“生”字，《鲁论》读“牲”。可见，《古论》以本字撰写，而《鲁论》则特意改写为假借字。盖《鲁论》原本传承真正的古文，而隶古定本将假借字改写为本字。而后以隶古定本校核《鲁论》，乃至出现以上的现象。是故，《鲁论》是《古论》改写为隶书——今文的一种文

①[日]武内义雄：《〈论语〉之研究》，《武内义雄全集》卷1论语篇，东京：角川书店1978年第2版，第67–69页。

> 本,不同于《古论》。以《论语·学而》篇"传不习乎"的"传"字为例,更能说明《古论》和《鲁论》的关系……郑玄所谓的古文《论语》中,"传而不习乎"的"而"字脱落,"传"字误写为"博"。而《鲁论》则以为"博"为"搏"之讹,故改写为"专"。如果以上《论》证无误,郑玄所谓"古文《论语》"实为以隶书抄写孔壁出土《古论》而成的隶古定本,而《鲁论》则为将真正古文《论语》翻译为今文的另外一种文本,可以说,两者皆源于孔壁中真古文。而关于《齐论》的成立,基本上无从考证。盖亦为古文《论语》另外一种译本,不过《论语·问王》《论语·知道》两篇系后学附加的新材料。①

武内义雄通过比较陆德明《经典释文》中记载的郑玄校语和《说文解字》中征引的古文《论语》字句,明确其间于字形和字音方面存在的异同,从而得出结论:"齐鲁二论实为《古论》出现以后根据读音之不同而演变出的两种经本,而《古论》则虽时代之推移不知何时被改写成隶书,故而出现三论之别,此三论实为同一古壁中所派生出的异本。"②

既然三《论》为同一系统之物,那么《古论》问世之前是否存在更为原始的《论语》呢?关于这一问题,武内义雄检讨陆贾的《新语》、贾谊的《新书》以及《韩诗外传》等武帝以前的古书中征引的孔子言语,从而判断:"现行本《论语》实为武帝以后之物,于此之前曾存在过被称为'传'的孔子语录。"③

既然武帝以前既已存在孔子语录,那么人们不禁要问:此种最为原始《论语》的雏形到底是何面貌?于现行本《论语》有何关系?针对这一问题,武内义雄提出了震惊学界的新说——古论出现以前既已存在着如同孔子

①[日]武内义雄:《〈论语〉之研究》,《武内义雄全集》卷1论语篇,东京:角川书店1978年第2版,第69-72页。

②[日]武内义雄:《〈论语〉之研究》,《武内义雄全集》卷1论语篇,东京:角川书店1978年第2版,第72页。

③[日]武内义雄:《〈论语〉之研究》,《武内义雄全集》卷1论语篇,东京:角川书店1978年第2版,第73页。

语录一般的《齐鲁两篇本》和《河间七篇本》。支持此新说的依据为东汉王充的《论衡·正说》。然凡二百六十四字的《论衡·正说》篇原文可谓难解之极，故而武内义雄进行大胆的文献批判，订正其中十二处谬误。以下为订正后的《论衡·正说》：

> 说《论》者皆知说文解语而已，不知《论语》本几何篇。但周以八寸为尺，不知《论语》，所读一尺之意。夫《论语》者，弟子共纪孔子之言行。初记之时，甚多数十百篇。以八寸为尺，记之约省，怀持之便也。以其遗非经传文，记识恐忘。故以但八寸尺，不二尺四寸也。汉兴失亡，至武帝，发取孔子壁中古文，得二十一篇。《齐鲁》两篇，《河间》七篇，三十篇。至昭帝，始读“二十一篇”。宣帝下太常博士时，尚称书难晓，名之曰“传”，后更隶写以传诵。初孔子后孔安国，以教鲁扶卿，官至荆州刺史，始曰“《论语》”。今时称《论语》二十篇，又失《齐鲁》《河间》九篇本。三十篇，分布亡佚。或二十一篇，目或多或少，文语或是或误。说《论》者但知以训解之问，以纤微之难，不知存问本根，篇数章目。温故知新，可以为师。今不知古，称师如何？①

文中施以横线之处即为武内义雄新说的根据，据此主张于汉武帝之前既已存在最为根本的《论语》异本——《齐鲁两篇本》《河间七篇本》。

（二）关于《论语》文本的批判

既然肯定所谓《齐鲁两篇本〈论语〉》《河间七篇本〈论语〉》早已存在，那么现行本《论语》二十篇中，哪些部分相当于《齐鲁两篇本》？哪些部分相当于《河间七篇本》？为了解明这一问题，武内义雄以伊藤仁斋的《论语》二

---

①［日］武内义雄：《〈论语〉之研究》，《武内义雄全集》卷1论语篇，东京：角川书店1978年第2版，第76页。

分说(上、下《论》)[①]为基础,将现行本《论语》篇目还原于《古论》,并将现行本二十篇区分为三个部分分别攻究。所谓三个部分是指:“学而”和“乡党”为第一部分;“为政”至“子罕”为第二部分;“先进”至“尧曰”为第三部分。现行本《论语》中重复之章颇多,如此区分后同一部分中则无重复之章。

首先,关于第一部分“学而”和“乡党”,武内义雄说:

> “学而”记录孔子及门下弟子之言,而“乡党”则记录孔子之行为,两者合而为一,是为完整的孔子言行录。如此看来,将此两篇视为《齐鲁两篇本》并非全无道理可言。又此两篇中时而出现齐地方言,这便暗示着此两篇并非单单形成于鲁国,与齐国亦颇有渊源,故而确可称之为《齐鲁两篇本》。例如“学而”篇中:“子禽问于孔子曰:‘夫子至于是邦也,必闻其政。求之与,抑与之与。’子贡曰:‘夫子温良恭俭让以得之,夫子求之也,其诸异乎人之求之与。’”一章之中,“其诸……与”之用例未曾出现在《论语》其他篇章中。……王应麟于《困学纪闻》中即以指出:《公羊传》为齐人所传之学问,其中存在很多齐地方言。故而《论语》中存有齐方言之章即为齐人所传承之物。以上的例文即可而说明“学而”篇为《齐鲁本》的组成部分。其次,“乡党”篇中的“摄齐升堂鞠躬如也,屏气似不息者,出降一等,逞颜色怡怡如也。”一章中的“逞”字,《方言》解为“快也”,并说明其为山东,即齐地方言。……以上《论》述若无大过,则可以说“学而”“乡党”两篇确实相当于《齐鲁两篇本》。然此两篇成立于何时呢?“学而”篇中“子曰:‘父在观其

①《论语》二分说即“上、下《论》”之说,是指:现行本《论语》二十篇昔日以《乡党篇》为界分为“上《论》”和“下《论》”。“上《论》”十篇首先问世,若干年后,“下《论》”十篇问世,乃作为“上《论》”之增补。其依据为:第一,《乡党》本应为最后一篇,但现行本却置于第十篇,是为“上、下《论》”区分依据之一;第二,“上《论》”与“下《论》”无论内容或文体,皆颇为不同,是为“上、下《论》”区分依据之二。伊藤仁斋:《论语古义》,总论,《日本名家四书注释全书》卷3论语部一,东京:凤出版1973年版,第2页。

志，父没观其行。三年无改于父之道，可谓孝矣。'"一章中，前两句和后两句分别各自独立存在于郑本的"卫灵公"篇和"里仁"篇之中。由此看来"学而"篇是由两种材料汇编成一章的。……"乡党"之中某些部分将孔子直接称为"孔子"，而某些部分中却将孔子称为"君子"，此点暗示着"乡党"篇亦为两种材料汇编而。既然如此，那么"学而""乡党"两篇应该成立于《孟子》之后。有根据《孟子》《礼记》《论语·子张》的记载，孔子殁后不久，有子派和曾子派由于意见相左而互不相容。然两派学者之研究皆收录于"学而"之中。故"学而"篇或成立于孔子在世之时，或成立于两学派对立稍有缓和之后。根据以上列举的理由，此篇绝非成立于孔子在世之时，故而必为孟子以后的编纂，盖为孟子游齐之后，齐鲁学派折中之产物。[①]

武内义雄发现"学而"篇和"乡党"篇中存在不少齐国方言，据此推测此两篇可能为编纂于齐鲁两地的《齐鲁两篇本》。又分析两篇的章句，特别考察语言的使用例，从而判断此两篇由两种材料汇编而成。最后分析两篇内容，并联系《礼记》《孟子》等书籍的记载，判定此两篇为齐学代表子贡学派和鲁学代表曾子学派的折中物，必定成立于齐鲁两学派接触之后，即孟子游齐之后。

其次，关于第二部分"为政"至"子罕"，武内义雄说：

通读"为政"至"子罕"八篇后不难发觉前七篇和最后的"子罕"篇甚为相异。首先前七篇之任意一篇篇名，均以篇首除去"子曰"二字后的最初两字冠名。而"子罕"篇则不同。且构成"子罕"篇的三十章之中，不少疑似后世之作……如果确实如此，那么除

①[日]武内义雄：《〈论语〉之研究》，《武内义雄全集》卷1论语篇，东京：角川书店1978年第2版，第79-82页。

去"子罕"后所剩的七篇很有可能相当于王充所谓的《河间七篇本》。现行本《论语·述而》的"文莫吾犹人"中的"文莫"二字,或作"侔莫",表"黾勉"之意,据说是燕国北郊方言。此点即可证明此七篇尝流传至燕国,亦很有可能流布至燕之邻国——赵,而河间即位于赵国。故而可以推定此七篇为汉初经河间献王之手问世的《河间七篇本》。然所谓《河间七篇本》为何种系统的经本呢?通览此七篇之内容可知:"为政"宣扬政治之根本在于孝友;"八佾"主讲对礼的尊重;"里仁"示意仁为孔子之道;"公冶长"和"雍也"主要评价孔门诸弟子;"述而"讲孔子祖述之所以;"泰伯"连载曾子之言的基础上,颂扬尧舜之功德。总体而言,此七篇无疑为曾子后学所传的《论语》。如进一步将此七篇的内容与《曾子十篇》(收录于《大戴礼记》中)、《子思子四篇》(即《礼记》中《中庸》《表记》《坊记》《缁衣》四篇)及《孟子七篇》照和比较,则不难发现其中存在着很多相类似的章节,故而吾人(武内义雄)将《河间七篇本》定为曾子思孟学派所传的《论语》经本。……但是,因为思孟所传承的孔子语录并不一定仅存在于《河间七篇本》中,故不可谓唯《河间七篇本》是思孟学派传承之物,盖《河间七篇本》乃思孟学派学者所传之《论语》。①

武内义雄首先指出"子罕"篇中后世续入内容颇多,应视为《论语》的附加部分。而其余的七篇中经常出现燕国北郊方言,而燕国又和赵国河间相邻,故而主张此七篇很有可能相当于古老的《河间七篇本》。关于《河间七篇本》的成立,武内义雄首先明确各章之要旨,据此推定其为曾子后学传承的《论语》,再对照《曾子》《子思子》《孟子》等古书,指出其间相同之章节甚多,并以此佐证《河间七篇本》为思孟学派传承的《论语》。

①[日]武内义雄:《〈论语〉之研究》,《武内义雄全集》卷1论语篇,东京:角川书店,1978年第2版,第83–86页。

关于最后的第三部分“先进”至“尧曰”，武内义雄说：

仁斋先生认为此诸篇(伊藤仁斋将“先进”至“尧曰”称为“下《论》”)为后人之续纂，应与“上《论》十篇”相区别。而崔述考察各章内容，区别可信与不可信的部分，其中置疑最多者系“季氏”、“阳货”“微子”三篇。通览“下《论》”则不难发觉此三篇确与“下《论》”其他诸篇存在明显的相异之处。首先，其他诸篇引孔子言之时皆以“子曰”为始，而“季氏”篇中却为“孔子曰”，这是最为明显的相违之处。其次，“季氏”和“阳货”两篇中多处使用分条列说的文体，譬如“君子有三戒”“有三畏”“六言六蔽”等皆与全书体例不同。而其中与《荀子》和《韩诗外传》一致的言辞颇多，亦有与《孟子》一致之语，且其中多处出自《孟子》。继而“微子”篇中有专门称赞隐遁者之章，甚至有与《庄子》完全相同的文章，故而此篇内容是假托于孔子的道家思想。综上所述，“季氏”“阳货”“微子”三篇实由续集的材料组成，史料价值不高。通读“下《论》”十篇可知，“先进”“颜渊”“子路”“宪问”“卫灵公”“子张”“尧曰” 七篇相当于一部孔子语录。……试以“下《论》”七篇较以“上《论》”中的两种《论语》，则不难看出其间的相违。例如：……“里仁”篇中讲到“管仲之器小哉”，此为贬低管子之语。而“宪问”篇却对管子大加赞赏，有第十四章“子贡曰：‘管仲非仁者与。桓公杀公子纠，不能死。又相之。’子曰：‘管仲相桓公，霸诸侯，一匡天下，民到于今受其赐。微管仲，吾其被发左衽矣，岂若匹夫匹妇之为谅也。自经于沟渎，而莫之知也。’”一文为证。子贡乃终于齐国之人，而管子又是齐国功臣，故而可以想定以子贡学派为主的赞扬管子的《论语》为齐人所传。另外，以上七篇中含有大量的齐地方言。譬如，“先进”篇中“求也为之聚敛而附益之”的“聚敛”为收取租税之意。“聚”和“敛”的日文训读为“あつむ”。但《方言》卷三有云：

> “萃，襍集也，东齐之方言。”……“宪问”篇对子产、子西、管仲的评价亦可视为春秋公羊学之滥觞。……“先进”篇中对孔门四科的叙述与《孟子·公孙丑》中的“昔者窃闻之，子夏、子游、子张皆有圣人之一体；冉牛、闵子、颜渊则具体而微。”和“宰我、子贡善为说辞；冉牛、闵子、颜渊善言德行。”甚为相似，且更为详密。据此可以想定此七篇的成立年代。①

关于第三部分，武内义雄指出“微子”篇内容具有浓厚的老庄思想色彩，“季氏”篇中非儒家思想颇多，“阳货”篇中出自《孟子》《荀子》的内容甚多，故而判断此三篇并非《论语》原形，均应该成立于战国末期，甚至以后。其次，此三篇以外的七篇中多齐国方言，所以判定此七篇为成立于齐国由齐人传承的《齐〈论语〉七篇》。再检讨此七篇与《河间七篇本》与《齐鲁两篇本》的异同，从而判断其为子贡、子夏学派传承的《论语》，乃《河间七篇本》的别派。最后根据“宪问”“先进”两篇与《孟子》以及春秋公羊学的关系，证明《齐〈论语〉七篇》成立于《河间七篇本》之后，晚于《孟子》成书。

要之，武内义雄通过对现行本《论语》的原典批判，从新组合《论语》篇目，得出以下结论：

> 1. “雍也”“公冶长”“为政”“八佾”“里仁”“述而”“泰伯”七篇为鲁国曾子孟子学派传承的孔子语录——《河间七篇本》，成立时代最为久远。
>
> 2. “先进”“颜渊”“子路”“宪问”“卫灵公”“子张”“尧曰”七篇为齐国子贡学派传承的孔子语录——《齐〈论语〉七篇》，成立

---

①[日]武内义雄：《〈论语〉之研究》，《武内义雄全集》卷1论语篇，东京：角川书店1978年第2版，第86–89页。

年代稍晚于《河间七篇本》。

3. “学而”和“乡党”为《齐鲁两篇本》，是齐学派和鲁学派之折衷，成立年代最晚。

4. “季氏”“阳货”“微子”以及“子罕”四篇为后学的演绎和附加，均成立于秦汉之际，不可轻信。①

以上为《论语》原典批判的结论，然《〈论语〉之研究》并未以此为终结，基于《论语》的原典批判，武内义雄按照成立时代的先后顺序精密考察《河间七篇本》《齐〈论语〉七篇》和《齐鲁两篇本》的思想内容：

《河间七篇本》中孔子的理想在于复兴鲁国建国之始祖——周公的礼乐，而且并非指单纯于形式上实现礼乐复兴，而是要复兴礼乐的精神，故而提倡仁道。而所谓仁道即为忠恕。与此相对，“下《论》”的《齐〈论语〉七篇》比较重视礼乐的形式，故而孔子教授颜回“克己复礼为仁”的道理。而孔子又对仲弓说过：“出门如见大宾，使民如承大祭”，继而又附加道：“己所不欲、勿施于人”，此点与“忠恕”之教甚为相似。而“卫灵公”篇中仅仅以“恕”一字作为实行仁道的方法，故而可以说，《齐〈论语〉七篇》针对仁道之实践方法，只重视“恕”而忽略“忠”，而代之以重视礼的形式。然至《齐鲁两篇本》则重视忠信，主张仁道之终极为爱人而有信，因为有信所以才能忠。同时礼亦为所尊重，并且强调“知和而和不以礼节之亦不可行”的道理。而“乡党”篇中所记录的孔子一举一动、一言一行皆为礼的具体表现，即并重精神方面和形式方面的礼，实为齐鲁两学派思想的折中。②

①[日]武内义雄：《〈论语〉之研究》，《武内义雄全集》卷1论语篇，东京：角川书店1978年第2版，第192–194页。

②[日]武内义雄：《〈论语〉之研究》，《武内义雄全集》卷1论语篇，东京：角川书店1978年第2版，第194页。

武内义雄认为，由异本成立顺序可观思想随时代推移的变迁：最早成文于鲁国，代表曾子学派的《河间七篇本》重视礼的精神；稍后成立于齐国，代表子贡学派的《齐〈论语〉七篇》重视礼的形式；最后的《齐鲁两篇本》则并重礼的形式和精神，可视为齐学与鲁学的折中，即先秦儒学的发展大势为：孔子殁后，以鲁国为中心的儒家由统一走向分裂，出现鲁学与齐学的对立，而后又由分裂再次趋于统一，于齐国完成了齐鲁两学的折中。这一结论无疑可视为中国思想史的一部分，而得出此结论的基础即为对《论语》的原典批判。所以可以说，武内义雄的原典批判学是与思想史学相关联的，是由文献考证学飞跃至思想史学的关键所在，而以原典批判为基础探求思想发展轨迹的方法，即为中国思想史学的研究方法，是武内义雄独创的学问方法论。

对于武内义雄的原典批判学，和辻哲郎尝评价说："武内博士不但严密校勘本文，也对原典进行批判。清儒虽使用校勘学的方法，于原典之自由批判却未充分运用。武内博士将创始于日本的学问致密精确的展开，可以说是原典批判之正道。"①町田三郎曾于《如何解读〈论语〉》一文中指出：自春秋末至汉初，《论语》经过了近三百年的编纂。为避免阅读《论语》时陷入时代错误，我们应该以武内义雄先生的学说为基础解读《论语》，这样也有助于我们把握孔子思想展开的大概。"②可见，武内义雄对《论语》的原典批判是《〈论语〉之研究》最值得评价之处，也是此书所最具学术价值之处。

---

①[日]和辻哲郎：《武内博士的〈论语之研究〉》，《孔子》，附录，东京：岩波文库2009年版，第147页。

②[日]町田三郎：《如何解读〈论语〉》，《江河万里流——孔子复苏与龟阳文库》，福冈：龟阳文库编辑，能古博物馆发行，1994年版，第62页。

第三节　由《〈论语〉之研究》观“武内学”之特色

如前文所言，武内义雄的文献考证学由训诂学、目录校勘学和原典批判三个部分组成，此三种学问方法于《论语》的研究中可谓运用得淋漓尽致。通过分析《〈论语〉之研究》可以归纳“武内学”的特色。

一、严密细致的训诂之学

训诂学是解释经典字句的学问，其中包括字形、音韵、字义的研究。武内义雄在分析考察《论语》本文之时，必将各篇章的语句训解为日文（読下し），并于难读之字旁注明读音，于难解之语旁注明语义，《论语》二十篇无一例外，且关于古代方言的研究更为详密，从《论语》本文中找出燕、齐等古代地方的方言，并以此作为论断的佐证，此种方法实为《〈论语〉之研究》的一大特色。众所周知，训诂之学起源于汉代，至清代尤为鼎盛，清儒的考证无不严格按照训诂学的法则进行。武内义雄完全接受了此种方法，以严密细致的训诂为基础，以忠实解读原典为出发点展开古典研究，逐渐形成以祖述清朝考证学治学方法为性格的“武内学”。

二、目录校勘学

所谓目录校勘学,是指以目录学的方法甄别古典文献真伪、校勘异本异文、考究版本系统和源流的学问。武内义雄校勘《论语》本文时,首先检讨《〈论语〉校勘记》《七经〈孟子〉考文》和《〈论语〉集解考异》等书中所记载的引据书目，进而考订版本的系统和源流，最终确定可以用于校勘的善本。记载这些书目的书籍虽非真正意义上的目录学专著,但以目录学作为确定异本系统和源流的方法是毋庸置疑的,也是武内义雄于《中国学研究法》中特别予以强调的。此外以“奥书”版式确定书籍系统的方法亦为后学所应借鉴。

三、原典批判学

原典批判是指对古典经文进行批判性的分析，以订正传统通说的谬误。对《论语》本文的批判是《〈论语〉之研究》一书的核心内容。武内义雄对《论语》的批判虽踏袭日本江户儒者伊藤仁斋和清儒崔述的研究成果,但其原典批判的方法却不同于历来单纯比较文章言辞的方法，而是援用目录学,考究《论语》的来历,从而究明《河间七篇本》《齐〈论语〉七篇》和《齐鲁两篇本》是《论语》最为原始的貌相。武内义雄的结论虽未被学界完全接受,然此种学问方法却颇为值得肯定和继承。

四、中国思想史学

《论语》的文本批判究明所谓《河间七篇本》《齐〈论语〉七篇》和《齐鲁两篇本》为现行本《论语》的源流,但这并非武内义雄对《论语》文本进行批判的最终目的，其最为关心之事则为通过考察以上三部分的成立年代与思想内容,辨析儒学展开的经纬。即于原典批判的基础上,通过对照比较以上三种《论语》的内容，最终说明孔子殁后儒学是如何由统一走向分裂，又是如何由分裂走向统一折中的，并且明确其间儒学思想的主流发生了何等变化。这完全是思想史学的研究方法，是武内义雄独创的学问方法论。其巨著《中国思想史》即建立于此种以文献批判为基础的史学研究法的基础之上，故而连清吉先生称武内义雄为日本中国思想史学的始祖。[①]

①连清吉：《日本现代中国思想史学的创立者：武内义雄》，《鹅湖》393期，台北：鹅湖月刊社2008年3月，第43–52页。

小　结

武内义雄师事狩野直喜，其古典研究以清朝考证学为出发点和基础，以王引之的“舌人意识”为座右铭，以正确解读原典经本为前提。无论是校勘学、原典批判学，或是基于原典批判的思想史学，皆自正确解读经典原文发足起轫，这正是“武内学”的性格。“武内学”大致可分为两方面的内容：一为集中日考证学之大成的文献考证学；二为建立在文献考证学基础之上的中国思想史学。《〈论语〉之研究》恰恰完美展现了“武内学”的风采。

《〈论语〉之研究》中，武内义雄首先高度评价江户古学派的《论语》论著，进而言明自身《论语》研究的重点在于文本批判，这也是武内义雄研究《论语》的基本态度。其次，爬梳中国《论语》注疏史，将古来为数众多的《论语》注释书大别为何晏《〈论语〉集解》和朱子《〈论语〉集注》两大系统，指出现存《论语》注释书殆源于这两大系统，并强调研究《论语》应该以何晏《〈论语〉集解》为基础。又考究《论语》异本的系统，确定中国唐开元石经版《论语》和日本教隆本《论语》为标准经本，进而校勘《论语》文本。究明注释书、异本的系统和源流后，武内义雄开始批判《论语》文本，援用目录学的方法，寻根溯源《论语》文本的来历，批判篇章字句，主张齐、鲁、古三《论》皆属于同一系统。再对王充《论衡·正说》“说《论语》”章加以批判，并以此为据，主张《河间七篇本〈论语〉》《齐论语七篇〈论语〉》以及《齐鲁两篇本》是现行本《论语》的源流。最后，基于原典批判的结论，辨析先秦儒学思想的展开轨迹。

武内义雄的学问特色大都可以通过《〈论语〉之研究》得以展现：

1. “舌人意识”

武内义雄攻究《论语》，必将各篇章中的语句训解为日文训读（読下し），并于难读之字旁注明读音，于难解之语旁注明语义，《论语》二十篇无一例外，且对古代方言的研究更加详细。由此可见，武内义雄的文献学贯穿着清儒王引之的“舌人意识”，以严密细致的训诂为基础，从忠实的解读原典开始，清朝考证学实证主义的学风实为“武内学”之性格。

2. 文献考证派的巨匠

《〈论语〉之研究》可谓一部文献考证的典范之作。无论是考证《熹平石经》，或复原《〈论语〉郑氏注》中的校语，或以目录学为方法确定《论语》异本，或考证《汉志》记载《齐论》《鲁论》《古论》的成书及其关系，或批判《论衡·正说》“说《论语》”章，或批判《论语》篇章字句，究明《论语》最原始貌相，皆为十分严密的文献学操作。由此可见，《〈论语〉之研究》实际上是以考证学的方法解明关于《论语》的诸多问题。虽然原典批判学起源于西欧古典文献学，但武内义雄批判《论语》文本，严格遵照考证学的法则，所以，武内义雄堪称文献考证派的巨匠。

3. 日本中国思想史学的创始者

基于《论语》原典批判的结论，武内义雄按照成立时代的先后顺序精密考察《河间七篇本》《齐〈论语〉七篇》和《齐鲁两篇本》的思想内容，说明孔子殁后儒学是如何由统一走向分裂，又是如何由分裂走向统一折中的，并且明确其间儒学思想的主流发生了何等变化，这完全是思想史学的研究方法，是武内义雄独创的学问方法论。其巨著《中国思想史》即建立于此种以文献批判为基础的史学研究法基础之上，而《〈论语〉之研究》的结论恰恰是其中一部分。所以，武内义雄堪称日本中国思想史学的创始者。

第三章 吉川幸次郎的《论语》学：中国文学研究者的《论语》研究

本章主要以《〈论语〉私记》《关于〈论语〉》、译注本《论语》等吉川幸次郎的《论语》学著作为基础文献，并较以江户古学派及同时代学者的《论语》研究论著，说明中国文学研究者于《论语》研究方面的特殊观点及特色所在。

第一节　吉川幸次郎的学问：中国文学史论

吉川幸次郎(1904—1980)和武内义雄同为狩野直喜的嫡传弟子，属于京都中国学派学者，被誉为“日本中国文学研究之第一人”。[①]又因为毕生致力于“杜诗”的钻研和注释，业绩斐然，故被称为“杜甫千年以后的异国知己”。[②]吉川幸次郎的汉学研究虽然以文学为核心，但汉语语言学、经学、文献学以及日本汉学等领域亦有所涉及。

吉川幸次郎生于兵库县神户市的一个贸易商人家庭，排行第二，幼年入中宫小学、后转入诹访山小学。大正六年(1916)进入神户第一中学，大正九年(1920)考入第三高等学校文化甲类，得青木正儿[③]知遇，学习汉语。大正十二年(1923)春，刚刚迈出高中校园的吉川幸次郎第一次踏上中国的土地，游历上海及江南。同年四月，入学京都大学文学部，师事狩野直

①[日]沟上瑛：《吉川幸次郎》，[日]江上波夫编著，《东洋学之系谱》第二集，东京：大修馆书店1994年版，第270页。

②连清吉：《吉川幸次郎：日本近代中国文学的泰斗》，《日本京都中国学与东亚文化》，台北：学生书局2010年版，第159页。

③[日]青木正儿(1887—1964)，号迷阳，日本近代汉学家，文学博士，国立山口大学教授，日本学士院会员，日本中国学会会员，中国文学喜剧研究家，著有《中国文艺论丛》《中国近世戏曲史》《元人杂剧序说》等，后结集为《青木正儿全集》(全10卷)。

喜、铃木虎雄[1]，专攻考证学、汉语语言学以及中国文学。大正十五年（1926年）进入大学院（研究生院），主攻唐诗。昭和三年（1928）与狩野直喜共赴中国，开始三年的北京留学生活。在北京苦学精进汉语的同时，受教于钱玄同、马玉藻、吴承仕、黄侃、张元济等硕学。昭和六年（1931）返日后，任东方文化学院京都研究所（今京都大学人文科学研究所）研究员，兼任京都大学文学部讲师，开启教学研究生涯。昭和二十二年（1947），以《元杂剧研究》获文学博士，同年六月就任京都大学文学部中国语学中国文学第一讲座教授。昭和二十六年（1951）成为日本学术会议会员，昭和四十二年（1967）退休。翌年三月开始埋头钻研"杜诗"，同时着手编纂《吉川幸次郎全集》。昭和四十四年（1969），荣获法兰西学士院颁发的"斯坦居拉斯·朱利安（Stanislas Julian）奖"，同年十一月授予"文化功劳者"称号，昭和四十六年（1971）获"朝日赏"，昭和四十九年（1974），授予"勋二等旭日重光章"，昭和五十五年（1980）四月八日逝世，享年七十六岁。[2]

兴膳宏认为吉川幸次郎的学术生涯可分为三个阶段："经学时代""元曲时代""'杜诗'时代"。[3]

"经学时代"的吉川幸次郎暂时抛开原本对文学的浓厚兴趣，一心专攻以清代经学为核心的考据之学。所著《春秋正义书后》《左氏凡例辨》《戴宏解疑论考》等论文，皆为以文言撰写的经学研究成果。《尚书正义》定本虽然是吉川幸次郎与东方文化学院京都研究所同人共同研究的成果，却也是吉川幸次郎经学研究最具代表性的业绩。

"元曲时代"的吉川幸次郎研究对象发生巨大转变：由经典注释转向民间戏曲，由雅转俗。对于日本学界而言，元代俗语属于尚未解明的语言，

---

①［日］铃木虎雄（1878—1963）：字子文，号药房，日本近代汉学家，文学博士，京都大学教授，日本学士院会员，"文化勋章""瑞宝勋章"授予者，著有《中国文学研究》《禹域战乱诗解》《白乐天诗解》等。

②［日］兴膳宏：《中国语学中国文学 吉川幸次郎》，砺波护、藤井让治编，《京大东洋学之百年》，京都：京都大学学术出版会 2002 年版，第 251–288 页。

③［日］兴膳宏：《中国语学中国文学 吉川幸次郎》，砺波护、藤井让治编，《京大东洋学之百年》，京都：京都大学学术出版会 2002 年版，第 282 页。

对吉川幸次郎亦可谓全新的挑战。由汉文撰写而成的《元曲选释》乃吉川幸次郎会同东方文化研究所同人共同研究的结果，是一部细致、缜密的元曲注释，也是其俗文学研究的最初成果。之后又相继问世了不少个人研究业绩，《元曲〈金钱记〉》《元曲〈酷寒亭〉》以及博士论文《元杂剧研究》是为此时期代表性著作。

吉川幸次郎退休后专念于"杜诗"的研究和注释，进入所谓"'杜诗'时代"。实际上，吉川幸次郎自高中时代即已对唐诗兴趣颇深，研究生阶段又以唐诗为研究对象，敬服杜甫的才情，倾倒于唐代中晚期的诗文。留学中国后，埋头于经学和元曲的研究，因而暂时搁置对唐诗的兴趣。四十岁之后，再度燃起研究唐诗，特别是"杜诗"的意欲。故而退官后，"一心不乱"励精于"杜诗"的研究和注释。《杜甫私记》是最初的研究成果，吉川幸次郎施注的《杜甫诗注》（全五卷）乃殁后由门下弟子整理出版。

吉川幸次郎一生著作颇丰，译注本《〈尚书〉正义》（全四卷）、《中国学的问题》《中国人及其生活》、校订本《制度通》（上下卷）、《元杂剧研究》《汉武帝》《新唐诗选》《杜甫诗注》（全五卷）、《杜甫私记》《〈论语〉私记》《关于〈论语〉》《仁斋·徂徕·宣长》等是为代表性著作，后分别结集为《吉川幸次郎全集》（全二十七卷）、《吉川幸次郎讲演集》（全一卷）以及《吉川幸次郎遗稿集》（全三卷）。

如前文所述，虽然吉川幸次郎是中国文学研究者，但其研究领域并非仅限于文学，对文献学、经学、语言学以及日本汉学等领域亦广泛涉猎。以下，笔者分领域归纳"吉川学"的业绩和特色。

1. 经学、文献学研究

昭和十年（1935）四月，在东方文化学院研究所经学文学研究室，以吉川幸次郎和仓石武次郎为核心开始制作《〈尚书〉正义》定本。所谓《〈尚书〉正义》是指唐代儒者依据汉儒孔安国的古注，对《尚书》的再次注释，其注文和疏文中贯穿详尽的考证学理论，被视为洞悉中国人特有思维方式的典型文献。长期以来,此书经历无数次的传写、传刻,故而出现各种文本,错乱丛生。吉川幸次郎会同研究所同人严格检讨版本和目录,并参考20世纪初敦煌出土的新材料,勘正各种错误,确定正确文本,最大限度地还原《尚书》最原始的貌相。吉川幸次郎关于《尚书》的研究主要收录于《全集》卷8、卷9以及卷10。《全集》卷4中收录的《旧抄本礼记正义校勘记》和卷1中的《中国文献学大纲》也是代表性著作。另外,关于孔子和《论语》的著作也为数不少,包括译注本《论语》《〈论语〉私记》《关于〈论语〉》等。此类著作是为本章的基础材料,兹不赘言,待后文详述。

2. 元曲研究

元曲是吉川幸次郎最重要且最擅长的研究对象,较日本近代传统元曲研究而言,吉川幸次郎的特色在于以文献学的方法精密校勘元曲文本,以语言学的方法慎重考证字句和用语的含义。①由口语撰写而成的评释《元曲〈金钱记〉》和《元曲〈酷寒亭〉》乃吉川幸次郎元曲研究的主要成果,而《元杂剧研究》则是其于俗文学研究领域中取得的最高成果。兴膳宏尝高度评价此书的学术价值:"《元杂剧研究》从历史背景和文学性质两方面考究元曲,是日本中国文学研究史上的一座里程碑。"②昭和二十二年(1947),吉川幸次郎凭此著作获得京都大学文学博士学位。

3. 中国文学史论

吉川幸次郎认为,关心现实生活、重视抒情是中国文学的特质所在,这与注重叙事和虚构的西欧文学性质迥异。另外,中国文学之所以能够形成如此特质,根源于中国特殊的地理、思想、政治、文化及社会等诸多环境因素。③基于以上理论,进而展开自身独特的中国文学史论,相继提出

①李庆:《日本汉学史》第三部 转折和发展,上海:上海人民出版社2010年版,第238页。

②[日]兴膳宏:《中国语学中国文学 吉川幸次郎》,砺波护、藤井譲治编,《京大东洋学之百年》,京都:京都大学学术出版会2002年版,第279页。

③连清吉:《吉川幸次郎:日本近代中国文学的泰斗》,《日本京都中国学与东亚文化》,台北:学生书局2010年版,第137页。

"中国文化所展现的人生观"[①]"中国文学的四个时期"[②]等具有独创性的观点。

4. 杜甫及"杜诗"研究

众所周知，吉川幸次郎是杜甫研究和"杜诗"研究领域的权威。昭和二十五年(1950)筑摩书房出版的《杜甫私记》是最初的研究业绩，之后《杜甫小传》《杜诗札记》等著作相继问世。京大退官后，吉川幸次郎一直潜心于"杜诗"的注释。遗憾的是，大业未成即撒手人寰。现行《杜甫诗注》(全五卷)乃门下弟子整理遗稿编纂而成。另外，吉川幸次郎通过解析"杜诗"，提出了新的文学批判理论，即"致密"和"飞跃"是中国诗歌成立的条件。[③]

5. 日本汉学研究

吉川幸次郎研究日本汉学史，非常重视江户儒者伊藤仁斋、伊藤东涯、荻生徂徕和本居宣长的学问和思想。代表作《仁斋·徂徕·宣长》论究伊物二子及东涯、宣长思想学说的形成及展开，考究贯通四位先儒的思想特质和学问方法论。另外，书中也表露出吉川幸次郎继承和彰显江户古学派学问意识及学问方法的态度。

6. 中国精神史研究

从精神史的视点攻究中华文化的特质，即自中国内部挖掘中国堪称中国之所以，是为吉川幸次郎研究中国文化的基本态度。典型论著有《中国尊重古代的思想》《中国人的空想力》《中国人的古典和中国人的生活》《中国人和宗教》等，而最具代表性者乃属《中国精神史序说》。吉川幸次郎否定中国精神史上神的存在，认为中国人所谓之"圣人"相当于其他民族信奉的神。"圣人"是生活法则的发现者，所以中国能够萌发独特的尚古主

①[日]吉川幸次郎：《中国文化所展现的人生观》，《吉川幸次郎全集》卷1，东京：筑摩书房1969年版，第88–111页。

②[日]吉川幸次郎：《中国文学史序说》，《吉川幸次郎遗稿集》卷2，东京：筑摩书房1996年版，第3–23页。

③[日]吉川幸次郎：《杜甫诗论和诗》，《吉川幸次郎全集》卷12，东京：筑摩书房1968年版，第593–628页。

义特质，并由此发轫论述中国精神史的发展经纬。最后指出，中国思想、文学、经学、史学等领域的特质形成的根本原因在于中国人对古典和典范的尊崇。此即为中国堪称中国之所以。吉川幸次郎尝言：“中国人认为世间无绝对不可挽救之人，强调世间存在值得肯定的‘圣人’，但不存在应该绝对否定之人。凡世间之人，无论何等愚钝恶质，皆有进步之可能。即人或多或少都有成为‘圣人’，成为世人典范的可能性。”[①]从思想方面说明古来中国人如何尊重典范。另外，吉川幸次郎的中国精神史研究并不仅局限于精神史本身，且从精神史的角度或视点，攻究其他领域。譬如，著名的《元杂剧研究》自序中有云：“此书（《元杂剧研究》）乃吾人（吉川幸次郎）生平所持中国文学史研究方法的大规模实践，堪当中国精神史研究之一翼……此书（《元杂剧研究》）亦为中国精神史之一环节。”[②]由此可见，以戏曲研究为代表，中国精神史的观点即已贯穿于中国文学史的研究之中。故而，从精神史的角度和视点把握中华文明的特质是吉川幸次郎中国学研究的特色所在。

要之，中国文学专家吉川幸次郎被称为“日本中国文学研究之第一人”，受恩师狩野直喜的影响，集江户古学派和清朝考证学派的学问方法于一身，以实证主义作为治学的出发点。在继承日本近代俗文学研究传统的基础上，以语言学和文献学的方法，实证性的详细考证元曲的文本，同时从历史背景和文学性质两个方面攻究元曲，且以精神史的视点和角度认识中国文学的特质，树立不少新说。另外，吉川幸次郎关于杜甫及“杜诗”的研究业绩斐然，被誉为“杜甫千年以后的异国知己”。

---

①[日]吉川幸次郎：《吉川幸次郎全集》卷10，自跋，东京：筑摩书房1984年版。

②[日]吉川幸次郎：《元杂剧研究》，自序，《吉川幸次郎全集》卷14，东京：筑摩书房1985年版，第3-4页。

第二节　吉川幸次郎《论语》学的特色

吉川幸次郎专攻中国文学史，然《吉川幸次郎全集》《讲演集》以及《遗稿集》中关于《论语》的著述颇多，且大抵可分为两类：一类是以《论语》本身作为研究对象者，譬如《〈论语〉入门》（《全集》卷25）、《关于〈论语〉》（《全集》卷5）、《〈论语〉的教训》（《全集》卷5）、《古典讲座〈论语〉——NHK放送》（《全集》卷5）、《关于〈论语〉——庆应义塾小泉信三纪念讲座》（《全集》卷5）、《〈论语〉私记》（《遗稿集》卷1）以及译注本《论语》（《全集》卷4）等；另一类则为著述本身虽看似与《论语》无直接关系，其中却以《论语》作为主要依据，譬如《中国的智慧——关于孔子》（《全集》卷5）、《我喜欢的名言》（《全集》卷5）、《孔子》（《全集》卷5）、《新的恸哭——孔子和"天"》（《全集》卷5）、《孔子亦为神》（《全集》卷5）、《贝塚茂树〈孔子·孟子〉》（《全集》卷5）、《焉用杀》（《全集》卷2）、《体谅的哲学》（《全集》卷25）、《中国的孔子批判》（《全集》卷21）以及《语言的节奏》（《讲演集》）等。

吉川幸次郎关于《论语》的著述可谓数量繁多，种类各异，既有著书、论文，又有演讲笔录和讲义底稿，其中重复之处亦为不少，故而难以逐一加以详述。本节选取其中颇具代表性的著述作为例证，力求实证性的说明吉川幸次郎《论语》学的特色所在。

一、“仁”的释义：儒家思想的特质

《论语》主旨在于指明人类的理想存在方式，核心思想可以“仁”一字概括，此为学界的共识。但历来对于“仁”的解释却异说纷纭。譬如，朱子云：“仁者，爱之理，心之德也。”[①]伊藤仁斋云：“慈爱之德，远近内外，充实通透，无所不至，之谓仁。”[②]而荻生徂徕将“仁”解释为“长上安民之德”[③]。狩野直喜则主张“仁”和“孝悌”本为同一物，“仁”的范围广泛，“孝悌”的范围狭小。[④]

朱子虽将“仁”解释为心之道德，然其主张的理学，却很少言及“心”，在朱子“万物一理”的思想体系下，所谓“心之德”最终还须归着于“爱之理”。而牟宗三尝指出：孔子所谓之“仁”，绝非仅指朱子所言至“理”或“道”，其中亦含有“心”，因为孔子明明是从“心”来说“仁”，倘若“仁心”不存，“道”“理”亦不存。[⑤]可见，朱子对“仁”的解释与孔子的原意有所出入。仁斋则脱离心学、理学的禁锢，将“仁”明确解释为“慈爱之德”，且扩大“仁”的实践范围，指出“仁”的特性，但尚未明确“仁”与孔子思想、儒家精神有何关联。而徂徕则偏重“仁”在政治活动中的意义，将其解释为能够“长上安民”的道德，可视为统治阶级立场上的解说。最后的狩野直喜着重说明“仁”和“孝悌”的关系，明确指出两者于实践方面的同一性，但没有对“仁”做出准确的释义。

而吉川幸次郎对“仁”的解读则大抵可分为两方面内容。首先是“仁”的定义：

①（宋）朱熹：《四书集注章句》，《钦定四库全书荟要》，长春：吉林出版集团有限责任公司2005年版，第15页。

②［日］伊藤仁斋：《语孟字义》，《日本思想大系》卷33，东京：岩波书店1971年版，第128页。

③［日］荻生徂徕：《〈论语〉徵》，《荻生徂徕全集》卷3，东京：美玲书房1977年版，第23页。

④［日］狩野直喜：《〈论语〉孟子研究》，东京：美玲书房1977年版，第120页。

⑤牟宗三：《中国哲学十九讲》，台北：学生书局2002年版，第79页。

“仁”是人与人之间的爱，以及实践这种爱的能力。[①]

继而指出“仁”具有三点特性：

第一，“仁”必须是存在于人与人之间的爱，绝非人和神之间的爱。从字形上分析，“仁”乃“人”与“二”的组合，可视为一种流行语源学的观点。人所意识到的、尊重的只有人本身。这是一种对浅显事物的尊重，对现实事物的尊重。故而，在人类群体中，亲子关系与兄弟关系最为重要。孔子弟子有若尝言，“仁”的出发点恰恰在于亲子兄弟之间的感情中。第二，通过学问而获得广博的知识，是正确实践“仁”的必由之路。见识且领悟人间诸相之后，真正正确的“爱”才能成立。人的存在方式形态多样，人与人之间又颇为敏感，所以人只有以各种各样的形式认可他人的存在方式，养成一种宽容的心态，此乃培养出“爱”。孔门的教学内容颇为重视文学和音乐，《诗》和《乐》是孔门重要的教科书，旨在表现人的情感生活。除此之外，《礼》也是孔门重要的科目，讲述家庭以及政府的仪式，同样是表达人的善意。这意味着孔门极为尊重秩序和协调。人不但对他人多样的存在方式敏感，对这种秩序和协调也十分敏感，所以彻底发于情感的、完全暴露情感的行为往往具有被排斥的危险。第三，政治是实践“仁”的最佳、最有效的手段。毋容置疑，孔子的时代，人分为行使政治的阶层和“被政治”的阶层。而《论语》中对为政者教谕的章句颇多，可见《论语》不仅是伦理书，也是政治书。且孔子本身是思想家、学者、教育者，可为了获得思想家、学者和教育者的实际能力而努力成为一

①［日］吉川幸次郎：《关于〈论语〉》，《吉川幸次郎全集》卷5，东京：筑摩书房1970年版，第103页。

名政治家。事实上,《论语》中关于政治实践的章句也同样适用于政治以外的范畴,而这也恰恰是《论语》的局限性所在。[①]

"仁"即为人与人之间的爱及其实践能力,此为当今学界的共同认识。此处须注意的是,吉川幸次郎所谓"仁"的三种特性:

第一,"仁"仅指人与人之间的爱,体现了儒家以人为本的精神。儒家思想的根本为对人的尊重,世间万物,最应该被予以尊重的,既非天地,亦非神明,而是人类自身。此点可谓儒家思想的特质。故而,吉川幸次郎所谓"仁"的第一特性完全符合儒家思想的根本。

第二,为了正确的实践"仁",必须通过学问,具备知识,所谓"兴于诗,立于礼,成于乐"[②]即指此意。《诗》《礼》《乐》皆为孔门教学科目。《诗》泛指文学、诗歌,乃表达人类情感之物,《乐》指音乐,和《诗》相同,为人类情感的表达方式之一,孔子以《诗》《乐》教授弟子,体现了对人类感情生活的重视。而《礼》则记录政府和家庭的仪式,可视为人与人之间正确的交往方式。孔门弟子通过学习《诗》《礼》《乐》,既可细致体察人类的情感,又能深刻会得人类的行为准则,如此方能正确的实践"仁",达到"仁"的境界。故而,吉川幸次郎所谓"仁"的第二特性,完全符合孔门的学问观。

第三,实践"仁"的最佳、最有效的手段是参与政治活动。孔子生活在阶级社会,为了有效地推广"仁"的思想,必须依靠强有力的政治力量。《论语》中记载不少孔子的政治论,从中可观孔子欲投身政治的无限热情。再者,孔门教科书中的《书》乃典章制度的记录,以其教授弟子之目的,无疑在于使弟子能够顺利地参与政治活动。所谓"学而优则仕"[③],盖为孔门的人才培养方向。故而,吉川幸次郎所谓"仁"的第三特性,完全符合孔子的

①[日]吉川幸次郎:《关于〈论语〉》,《吉川幸次郎全集》卷5,东京:筑摩书房1970年版,第103-104页。
②《论语·泰伯》。
③《论语·子张》。

政治论。

要之，儒家思想的特质在于对人本身的重视、对学问的重视、对政治的重视，而吉川幸次郎对“仁”的解读，恰恰和儒家思想的特质紧密相关，说明人类是善良的动物，可以通过学问与知识，通过政治实践，不断向文明的方向前进，最终可以到达道德的最高境界——“仁”。吉川幸次郎对“仁”的解读，完整再现孔子所描绘的人类最理想的存在方式，触及儒学思想两千余年以来的精髓，实可谓吉川幸次郎《论语》学的特色所在。

二、日本近代中国学实证学风的具现

京都大学时代的青年吉川幸次郎，受恩师狩野直喜影响，逐渐接受清朝考证学的学问方法，形成实事求是的学问风格，并终身以实证主义作为治学宗旨，《论语》的研究即可堪称实证主义学风的具体表现。

（一）考证孔子的长幼：提示考证学的方法

昭和四十一年（1966），吉川幸次郎于“NHK 古典讲座”栏目中主讲《论语》，以《论语》为基本文献，鲜明地描绘出孔子的生涯。之后，讲义底稿收录于《吉川幸次郎全集》卷 5 中。而其中关于孔子长幼的说明虽属老生常谈，论证也不算复杂，却可以视为提示考证学方法的代表实例。兹笔者就此抉己见加以说明，以强调吉川幸次郎实证主义的学问风格。

（孔子）名丘，字仲尼，“仲尼”即说明孔子并非长子，如同日本的“次郎”“三郎”一般，非长子之名。如果在日本，孔子则可以字“仲次郎”。另外，《论语》中也存在孔子并非长子的证据。《论语·公冶长》第一章记载孔子选婿，有“子谓公冶长可妻也”。即孔子愿意自己的女儿嫁予公冶长。又言“虽在缧绁之中、非其罪也”，即虽然公冶长现今被警察逮捕羁押，但绝非实际犯罪者。正因为公冶长过于正直，所以才会遭此劫难。且"以其子妻之"，将自己的女儿嫁予公冶长……另外，"子谓南容"章中，孔子教谕南容说："邦有道，不废"，即国家有道德，你不会被忽视，必定拥有一定的地位。又说："邦无道，免于刑戮"，即使国家没有道德，世道混乱，你也不会触犯刑律。说明南容是一位颇得中庸之道，性格稳重之人，所以"以其兄之子妻之"，将自己兄长的女儿嫁予他。由此可见，孔子并非长子。①

首先，孔子字"仲尼"，说明孔子并非长子，至少有一位兄长。诚然，单从文字意思下论断不免过于武断，于是吉川幸次郎求证于《论语·公冶长》第一章和第二章的文本。第一章记载孔子高度评价公冶长，并以女嫁之；第二章记载孔子教谕南容，以兄长之女嫁之。所以，孔子既不是独子，也不是长子，必定有兄长。

虽然吉川幸次郎考证孔子的长幼，并非复杂的文献学操作，但为支撑自己的结论，列举出两条例证，这完全符合考证学的法则。宫崎市定尝指出，考证学原本兴起于对经典中人物的研究。②可见，吉川幸次郎对孔子长幼的考证颇具代表性和典型性，虽然论证过程并不复杂，但对于初涉汉学的研究者而言，堪当考证学的范例。

（二）何谓"论语"：考证"论""语"的字义

《论语》一书因何冠以"论语"之名？一般以为，"言""语"二字字义相近，但吉川幸次郎则不以为然：

---

①[日]吉川幸次郎：《古典讲座〈论语〉–NHK 放送 –》，《关于〈论语〉》，东京：讲谈社 1976 年版，第 75～76 页。

②[日]宫崎市定曾于《〈论语〉之新研究》中指出：考证经典中的人物是考证学的第一步。明代薛应旂以《四书人物考》、许胥臣以《四书人物考订补》持考证学之先鞭。可见，考证学的精神即已确立于明代。[日]宫崎市定：《〈论语〉之新研究》，东京：岩波书店 1974 年版，第 41–48 页。

“语”和“言”，字义大抵同义，却并非完全相同。“言”仅指言语，而“语”则含有对话、讨论之意。《说文解字》中将“语”解释为“论也”，即对话。“言”字的注释则为“直言曰言，论难曰语”。故“言”和“语”是相对的，前者指言语，后者表论难，即讨论。其他古书中，亦可见“言”和“语”的不同之处。譬如，《礼记·杂记》中有“三年之丧，言而不语，对而不问”一句，郑玄注为“言者，言己之事也，人之为说，为语。”由此可观“言”“语”之相违。如上所述，“语”即有与他人论难之意，亦有为他人而言之意。总之，“语”字带有对他人存在的强烈意识，意义深重。即使不指论难，亦可理解为较为重要、意义深重的言语，而“语”的读音恰恰可以强调其具有的深重意义。“言”读为“yán”，是微微上扬的阳平音，而“语”读为“yǔ”，三声，大有冗长曲折之感，恰到好处地表达出意义深重之感，即意义与音声相得益彰。①

吉川幸次郎首先指出“语”的本意为论难，和《论语》的形式相符合，其次“语”包含较为重要、深重的意义。而《论语》编纂者之意图，正在于记录孔子的言行，作为后世的典范，故“语”字的内涵恰与《论语》的内容相符。最后就声音而言，“语”的发音亦可充分强调《论语》的深重意义。故而，《论语》不可称为“论言”。

利用《说文解字》究明文字本意乃汉学家之常识，而吉川幸次郎在辨明“言”“语”二字本义的基础之上，进而检讨两字于其他古书中的用例。更重要的是，吉川幸次郎能够准确把握两字于发音方面的微妙差异，从三个角度说明问题，可见其精深的语言学造诣。

考证“语”字之后，吉川幸次郎继而检讨“论”字的音义，说明“语”字之

①[日]吉川幸次郎：《〈论语〉私记》，《吉川幸次郎遗稿集》卷1，东京：筑摩书房1995年版，第283–285页。

前为何加以“论”字。一般根据《汉书·艺文志》的记载认为，孔子殁后，门人弟子编纂孔子言行录之时，争相讨论，故谓之“论语”，即“被讨论之语”。对此，吉川幸次郎援用清儒之说，提出反论：

> 所谓“论”，绝非编纂者之间的讨论，《论语》中的言语多为对话，而对话的开始，即可视为讨论的发生。此为刘宝楠《〈论语〉正义》中的主张，清儒段玉裁亦赞同此说。《说文》云：“论，议也。”又云：“议，语也。”又云：“语，论也。”即，此三字皆有对话，讨论之意。而段玉裁于《〈说文解字〉注》中指出：“论，以仑会意”“仑，思也”“仑，理也”，即“论”以“仑”旁表示意义，而“仑”又与“理”在声音和意义方面相近，因此段氏主张：“凡言语循其理、得其宜谓之‘论’，故孔门师弟子之言谓之‘论语’。”段氏的结论虽有待商榷，但“论语”之“论”，即指孔子和门人弟子之间的讨论，并非编纂者之间的讨论这一观点，无疑与刘氏相同。①

吉川幸次郎认为“论语”的“论”字虽然表示讨论之意，但讨论的主体并非《论语》编纂者，而是孔子和门人弟子。换言之，基于《论语》的内容，“语”字之前加以“论”字。于此，吉川幸次郎列举了刘宝楠《〈论语〉正义》和段玉裁《〈说文解字〉注》中的观点，可见其对清朝考证学家学问方法的重视与尊崇。

要之，吉川幸次郎考证《论语》题名，首先自检讨“论”“语”二字的本义着手，并援用清儒的学说，充分体现了日本近代中国学实证主义的学风和治学宗尚，且对文字音、声的考察，达前人未到之境界，实可谓独到的见解。

（三）《论语》冤辞：“以人为本”和“人文主义”是儒家思想的核心

江户时代，朱子学高居官学，《四书集注》贵为国定教科书。宋儒极重

①［日］吉川幸次郎：《〈论语〉私记》，《吉川幸次郎遗稿集》卷 1，东京：筑摩书房 1995 年版，第 286 页。

人伦礼教，主张“存天理，灭人欲”，故以“四书”为中心的朱子学时常会带给人阴郁的印象。而《论语》正是“四书”中最重要的经典，所以对于日本人而言，《论语》意味着极为严格的伦理道德规范，提及《论语》即会联想到“三尺之下不踏师影”“男女七岁不同席”等伦理规范方面的严格教喻。吉川幸次郎却从实证主义的立场出发，为《论语》正名：

> “三尺之下不踏师影”实为唐代佛门戒律中的一条，日本的叡山大师亦于著书中引用此句，江户时代又被收录于《实语录》。《实语录》为普通私塾的教科书，由此可见“三尺之下不踏师影”已经成为日本普遍的道德规范之一。一旦如此，普通人便会将其与《论语》相联系，久而久之，世人便误解其出自《论语》。……“男女七岁不同席”亦非《论语》之语，乃出自另一儒家经典《礼记·内则》，故可视为儒家的教喻。然《礼记·内则》记录家庭生活法则，包括育儿之法，其中规定：七岁后的男女不可同坐一席；不可使用同一食器用餐。此为“男女七岁不同席”之原意，绝非指男女七岁以后不可见面之意。①

“三尺之下不踏师影”不仅并非出自《论语》，更非孔门儒家之教喻，而是佛门释家戒律；“男女七岁不同席”虽为儒家教喻，但绝非男女七岁后不可见面之意。从根本上讲，儒家思想本不包含极为严格的道德说教。可见，后世宋儒所谓“存天理，灭人欲”绝非儒家思想的本质，对人的尊重，即所谓“以人为本”才是儒家思想的核心内容。吉川幸次郎一贯以“儒者”自居，且追求与中国学人相比肩的通儒之学，所以才能着眼于儒家思想的本质，立足原典，以文献实证的手法，一雪《论语》长久以来的冤罪，为《论语》正名。

另外，江户时代兴盛的朱子学，作为阶级社会的伦理道德规范，其主

①[日]吉川幸次郎：《关于〈论语〉——庆应义塾小泉信三纪念讲座》，《吉川幸次郎全集》卷5，东京：筑摩书房1970年版，第298–299页。

张渐渐脱离儒家思想的本质而远去，以至出现“禁欲”的主张。但吉川幸次郎认为，以《论语》为主要经典的儒家思想绝非如此，因为“禁欲”的主张在《论语》中并不多见：

> 《论语》中鲜有关于“禁欲”的主张。……“克己”虽不乏“禁欲”色彩，但“复礼”则可理解为以向文化基准看齐为己任。向往快乐，崇尚文明才是中国文化的特质，而这种特质恰恰是基于《论语》的教喻逐渐形成的。①

在日本，“克己复礼”通常被误解为充满禁欲主义色彩的主张。吉川幸次郎则摆脱日本传统汉学的严肃主义，从文化主义的立场出发，论究“克己复礼”的最终目的，强调《论语》的积极性，说明中国文化的特质和形成究竟。由此可观吉川幸次郎所谓“诚实地理解中国”②的学问意识，而欲“诚实地理解中国”，无疑必须以实证主义作为中国学研究的基本出发点。

①［日］吉川幸次郎：《关于〈论语〉》，《吉川幸次郎全集》卷5，东京：筑摩书房1970年版，第104–105页。

②［日］吉川幸次郎：《〈尚书〉正义》，译者序，东京：岩波书店1940年版，第17页。

第三节　中国文学研究者的特殊观点

无论中国或日本，《论语》一般被视为伦理道德方面的古典。明治维新以后，不少日本学者开始试图从多种角度、不同视点从新审视《论语》。譬如，东洋史学家宫崎市定尝以史学家的治学角度，将《论语》视为史料，基于文本批判，辨析中国经学史以及中国历史上孔子地位的变迁。[①]对于东洋史学家而言，凡文献者皆为史料，即使作为儒学经典的《论语》亦不例外。再如，中国思想史学家武内义雄通过考订《论语》经本的篇章字句，究明《论语》的源流，明晰先秦儒学展开的经纬。[②]对于思想史学家而言，《论语》既为哲学、思想方面的书籍，亦为思想史学研究中不可或缺的史料。那么，作为"日本中国文学研究之第一人"的吉川幸次郎是如何审视《论语》呢？

于《关于〈论语〉》一书中，吉川幸次郎说：

吾人（吉川幸次郎）通常将《论语》视为诗歌。"……天言何

①[日]宫崎市定：《〈论语〉之新研究》，东京：岩波书店1974年版。
②[日]武内义雄：《〈论语〉之研究》，《武内义雄全集》卷1论语篇，东京：角川书店1978年版。

> 哉？”云云，真是非常美妙的文章，此章位于《论语》的结尾部分，历史学家讨论《论语》的成书，常置疑此章，但无论如何，文章本身的确极为美妙。再者，《论语》开篇“子曰：‘学而时习之，不亦说乎。’”中“不亦说乎”，不乏稳健又极富说服力之感；“有朋自远方来，不亦乐乎”，则节奏骤然一变，表现远方的朋友来到时，高兴得似乎要和“有朋”一起欢呼雀跃的心情；但是，不被人理解时，亦不愤怒。此处，文章的节奏继续延伸，进而缓缓道出“人不知而不愠，不亦君子乎”，实在是美妙之极的文章。吾人(吉川幸次郎)所喜爱的正是《论语》这般美妙的文章，众多中国古典之中，《论语》的文章最美妙、最有名。①

以上的引文中，吉川幸次郎五次强调《论语》文章的“美妙”，不难看出，其自身既已为之所倾倒。吉川幸次郎认为，《论语》中虽有与史实不符之处，作为史料必须谨慎甄别，但另一方面《论语》完全可视为中国文学的一种，绝不能否认其文章的美妙，绝不可否认其具有的文学性。对吉川幸次郎而言，《论语》是诗歌，洋溢着中国文学的独特魅力，是中国文学的典型。笔者认为：吉川幸次郎对《论语》的赞美，源自作为中国文学研究者的审美眼光与审美角度。可以说，从文学者的审美角度捕捉《论语》文章的美妙，发掘《论语》原本具有的文学性，是为吉川幸次郎《论语》学的独特观点。

一、《论语》的文学性

一般根据《汉书·艺文志》的著录认为，孔子故去不久，孔门弟子开始编纂《论语》，盖成书于孔门二代或三代弟子之后。而日本江户儒者伊藤仁斋提出“上、下《论》”之说，认为《论语》二十篇中前十篇与后十篇编纂体例

---

①[日]吉川幸次郎：《关于〈论语〉》，《吉川幸次郎全集》卷5，东京：筑摩书房1970年版，第314页。

与编纂条件颇为异质，故而主张前十篇为"上《论》"，后十篇为"下《论》"。[①] 又日本近代中国思想史学家武内义雄则基于仁斋"上、下《论》"之说，细分《论语》经本为四个部分，分别攻究每部分的成立。[②]而吉川幸次郎则以为："即使《论语》编纂于孔子故去以后，孔子的口吻却完好地保存于《论语》的字里行间。"[③]即虽然《论语》成书于孔子逝去之后，但编纂者却在极力模仿孔子的音容语气。就此，吉川幸次郎以《论语·学而》第一章为例，进行详细的解说：

> "学而"第一可训解为："学びで時にこれを習うは、亦た悦ばしからずや。朋有りて遠方より来たるは、亦た楽しからずや。人知らずして慍まず、亦た君子ならずや。"其中"不亦说乎""不亦乐乎""不亦君子乎"中的"不"均可英译为"Is it so not?"，带有强烈敦促对方同意的语气。助词"亦"，颇具柔软性、圆滑性，充分缓解了"不"字带有的强烈语气。全句的意思为："如何？愉悦吧。""如何？快乐吧。""如何？很绅士吧？"，既在敦促对方同意，亦留予对方判断的余地，强烈敦促和缓和宽容的语气相伴，这说明《论语》的编撰者是在极力模仿孔子的口吻。即使《论语》文本的行文和当时的口语有所出入，亦可视其为美妙的散文。[④]

《论语·学而》第一章中孔子言语的特征在于并非平铺直叙般的陈述，而是以反问的句式、口语的语气，间接道出观点。正如吉川幸次郎所言，"亦"字缓和了"不"字带有的强烈语气，敦促对方同意的同时，亦留给对方思考的空间，强烈敦促与缓和宽容相结合的语气，恰恰和孔子的口吻相吻合。孔

①[日]伊藤仁斋：《〈论语〉古义》，总论，《日本名家四书注释全书》卷3论语部一，东京：凤出版1973年版，第2页。

②[日]武内义雄：《〈论语〉之研究》，《武内义雄全集》卷1论语篇，东京：角川书店1978年第2版。

③[日]吉川幸次郎：《关于〈论语〉》，《吉川幸次郎全集》卷5，东京：筑摩书房1970年版，第102页。

④[日]吉川幸次郎：《关于〈论语〉》，《吉川幸次郎全集》卷5，东京：筑摩书房1970年版，第102页。

子作为思想家和教育家,其高尚的人格备受后世崇仰。试问孔子之言语焉能一味地表达敦促之意,或一味地征求对方意见?由此可见,《论语》的编撰者在极力模仿孔子的口吻。此外,吉川幸次郎还强调,《论语》的文章亦可视为散文,即明确指出《论语》作为文学作品在体裁方面的特色。

历来学者及《论语》研究者大都视《论语》为伦理方面的经典,而吉川幸次郎则最早强调《论语》具有的文学性,曾经指出:"《论语》的语言源于生活,契合现实,栩栩如生,既非平淡如水,亦非抽象难懂,且文章优雅美妙,皆乃文学之条件。"[①]正如对"学而"第一章的分析,《论语》的语言是先秦时代的口语,并非极为抽象难解,且孔子的语气确实兼备强烈敦促与缓和宽容的两种特性,可以鲜明的凸显孔子的人格特征,这些皆可视为《论语》文学性的具体表现。可以说,以全新的角度和立场审视和把握《论语》是吉川幸次郎于日本《论语》学史上的功绩。

二、《论语》语言的节奏

吉川幸次郎认为《论语》是独具魅力的文学作品,经常赞美《论语》文章的美感,譬如,于庆应义塾小泉信三纪念讲座讲演中尝道:

> "学而"第一章的言语不但稳健,而且颇具说服力。吾人(吉川幸次郎)习惯用汉语朗读这段文章……读至"有朋"时,节奏极具动感……其后,文章的节奏继续延伸,从而缓缓道出"人不知而不愠,不亦君子乎",实在是非常美妙的文章。[②]

吉川幸次郎再次用"学而"第一章为例,说明《论语》文章的美妙,其中"节

①[日]吉川幸次郎:《关于〈论语〉》,《吉川幸次郎全集》卷5,东京:筑摩书房1970年版,第103页。
②[日]吉川幸次郎:《关于〈论语〉——庆应义塾小泉信三纪念讲座》,《吉川幸次郎全集》卷5,东京:筑摩书房1970年版,第314页。

奏”一词出现了两次。那么，所谓“节奏”究竟何所指？吉川幸次郎在昭和五十三年(1978)龙谷大学举办的大学英语教育学会上，进行题为《语言的节奏》的演讲，详尽讲解“节奏”的含义：

> 吾人(吉川幸次郎)长年从事汉语研究。汉语既然是语言，必然具有声音，声音并非单独存在，而是若干单词的连接、重迭和流动。大抵而言，独立的单词是不存在的，虽然单词独立存在于字典中，但实际的语言却是单词的连接、重叠和流动。所以，实际的语言必定具有一定的节奏感。①

吉川幸次郎认为，作为声音语言的汉语由若干单词组成，必定依照一定的节奏从口中道出。众所周知，《论语》是以春秋时代的口语体编纂的孔子言行录，既然是口语，文章、语势，必具有一定的节奏。对此，吉川幸次郎同样以“学而”第一章中“有朋自远方来”一句的句读为例详细加以解说：

> “有/朋/自/远方/来”是为传统的句读方式。挽近，武内义雄和贝塚茂树又提出了新的句读方法：武内义雄主张应读为“有朋/自/远方/来”，即将“有”视为“友”的宛字；贝塚茂树则主张应读为“有朋/自远/方来”。……在吾人(吉川幸次郎)看来，此两种读法皆逊色于传统句读。按照传统读法，以“有”“朋”二字开始发音，再轻声道出“自”，其后大声强调“远方”二字，最后以“来”字收尾。如此，声音的节奏最为得当。而武内义雄连读最初的“有朋”二字，节奏颇为混乱；贝塚茂树的读法可视为两音节的三度反复，节奏过于平淡单调。吾人(吉川幸次郎)认为，语言、声音的节奏和文章的意思息息相关，声音的节奏通常都在强调文

①［日］吉川幸次郎：《语言的节奏》，《吉川幸次郎讲演集》，东京：筑摩书房1996年版，第189页。

章表达的意思。由此看来,传统的句读是最美妙,最妥当的。[①]

众所周知,句读的不同往往会导致文章解释的相违。就文章的解释而言,难以断言传统读法和武内义雄、贝塚茂树主张新读法的优劣得失,但就文章的节奏而论,武内义雄的句读使文章的节奏混乱,贝塚茂树的句读,使文章的节奏过于单调。"有朋自远方来"之后为"不亦乐乎",吉川幸次郎译注的《论语》中,将"乐"解释为"突如其来的快乐"[②],即所谓之"乐"并非单纯的快乐、欢乐,而是意料之外的快乐,而快乐的原因正是因为远方朋友突然间的到来。传统的句读恰到好处地表达出这种突如其来、意料之外的感觉。具体而言,"有"为动词,通过"yǒu"的声音表达期待的意思,其后的"朋"为表示宾语的名词,通过"péng"的声音强调预想之外的意思。此盖为吉川幸次郎所谓的"声音的节奏通常都在强调文章表达的意思"。而按照武内义雄和贝塚茂树的主张,"有"字并非动词,而是与"朋"并列的名词,难以表达出突然性和意外性,即音、声的节奏破坏了文章的潜在意义。

武内义雄是中国哲学家、思想史学家,贝塚茂树是中国史学家,二人的文献解读能力是毋庸置疑的,却皆忽略了《论语》文章的节奏,此盖为各自研究立场不同所致。笔者认为:正因为吉川幸次郎以文学研究者的立场和角度视《论语》为文学作品,才可能敏锐洞察《论语》文章的节奏,并且将对节奏的理解应用于《论语》的研究中。吉川幸次郎曾译注《论语》,关于此译注本的特色,自身尝自负道:

对(《论语》)原文节奏的理解,即为此书(吉川幸次郎译注本《论语》)的特色所在,亦为被学界认可之所以。[③]

---

①[日]吉川幸次郎:《语言的节奏》,《吉川幸次郎讲演集》,东京:筑摩书房1996年版,第198-199页。

②[日]吉川幸次郎:译注本《论语》,《吉川幸次郎全集》卷4,东京:筑摩书房1969年版,第19页。

③[日]吉川幸次郎:译注本《论语》,《吉川幸次郎全集》卷4,东京:筑摩书房1969年版,第736页。

深刻理解《论语》文章的节奏，是为吉川幸次郎《论语》译注的特色所在，由此可大致揣摩吉川幸次郎研究《论语》的立场。

三、《论语》于民间的广泛普及："杜诗"和俗文学研究的视点

《论语》是古来最为广泛流传的经典，从经学史的角度探讨《论语》的地位及普及状况为学界的共同认识。譬如，狩野直喜尝通过明晰《论语》和"六经"的关系，说明《论语》于诸古典中地位的变迁。[①]宫崎市定于辨析中国经学史的同时，详尽回顾了《论语》的流传和普及状况。[②]但狩野直喜和宫崎市定所关心是《论语》于知识分子阶层的普及，完全没有言及《论语》在民间的普及状况。而吉川幸次郎则于《〈论语〉私记》中，通过征引"杜诗"、元代法令集以及元杂剧剧本，具体说明《论语》于民间的广泛性和普及性：

> 八世纪，杜甫漂泊至夔州的峡谷时，创作《最能行》，描绘当地民众的生活。诗中"小儿学问止《论语》，大儿结束随商旅"一句讲：行商之人辗转各地，其子弟只读《论语》，此为朱子学被立为官学以前的状况。根据元代法令集《通制条格》的记载，元代《论语》作为普通国民教育的教科书，大力推广至民间。其实，政府大力推广之前，《论语》早已广泛流传于民间，有元杂剧剧本为证。杂剧本来是面向普通百姓的戏剧，其中很少引经据典，但《论语》却常常出现于杂剧的唱词、道白之中。譬如，《渔樵记》中的第三幕，刘二公子和行商者的对话中曾提道：村中私塾先生所读之书中有"君子固穷"一句。"君子固穷"无疑出自《论

①［日］狩野直喜：《〈论语〉〈孟子〉研究》，东京：美玲书房 1977 年版，第 9–12 页。

②［日］宫崎市定：《〈论语〉之新研究》，东京：岩波书店 1974 年版，第 21–58 页。

语·卫灵公》，可见自元代始，至明清两代，《论语》作为乡间私塾的教科书备受青睐。①

《论语》于民间的普及状况多为学者所忽略，而吉川幸次郎却能从“杜诗”、政府法令以及俗文学的三个角度，加以考察。从“杜诗”中的描写可知，唐代以“四书”为中心的朱子学虽未成立，《论语》却广泛的流传于民间。朱子学确立为官学以后，《论语》当然作为国定教科书，应用于普通国民的教育。即使在元代，学问虽不为人所重视，政府依然将《论语》应用于庶民教育。同时，元杂剧的唱词和道白中多有出自《论语》之语。故而可以说，《论语》是昔日各阶层中国人广为爱读的书籍，具有空前的广泛性、普及性。

历来之研究虽有言及《论语》的普及状况，但皆局限于知识阶层的范围内，而吉川幸次郎却打破此种局限性，通过检讨“杜诗”、政府法令和杂剧剧本，精心梳理《论语》和普通中国民众的关系，从而最大限度地说明《论语》的广泛性和普及性。而“杜诗”和元杂剧皆为吉川幸次郎最得意、最自负的研究对象，其尝以《元杂剧研究》获得文学博士学位，又以“杜诗”研究，被誉为“杜甫千载之后的异国知己”。由此可见，中国文学研究者的研究立场成就了吉川幸次郎《论语》学的特色。

①[日]吉川幸次郎：《〈论语〉私记》，《吉川幸次郎遗稿集》卷1，东京：筑摩书房1995年版，第273-274页。

小　结

中国文学研究专家吉川幸次郎关于《论语》的著述颇多，笔者通过精读、分析以及比较研究，将吉川幸次郎《论语》学的特色及独特观点整理如下：

1. “仁”的释义

自谓“现代儒者”的吉川幸次郎解读“仁”，并非止于“仁”的含义，同时明确“仁”的三种特性。吉川幸次郎所言“仁”的三种特性皆立足于《论语》文本，符合孔门“以人为本”的核心思想及其学问观和政治论，和儒家思想的特质尤为契合，充分反映了儒家思想的精粹，实可谓吉川幸次郎独特的解说。

2. 实证主义的学问风格

吉川幸次郎的学问圆熟于日本近代中国学的学风之下，授业恩师狩野直喜被称为“日本理解清儒学问的第一人”，因此实证主义的治学宗尚始终贯穿于其学究生涯。吉川幸次郎主张“诚实地理解中国”，“诚实”二字恰好体现了实证主义的治学宗尚。吉川幸次郎的《论语》著述中，洋溢着浓厚的实证主义色彩，是日本近代中国学学风的具现，就《论语》题名的考证是最有力的例证，另外关于孔子长幼的考证过程堪称考证学的实践演示教程。不仅如此，吉川幸次郎还以“诚实地理解中国”的研究立场，消除现代日本人对《论语》的误解，一雪《论语》的冤罪，力说《论语》的积极性，这些都充分展示着吉川幸次郎实证主义的学问风格。

3. 中国文学研究者的特殊观点

以不同的视点和立场审视和把握中国古典经本是日本近代中国学的特征之一。譬如，日本近代中国学的创始者狩野直喜力辟宋儒的空疎学风和传统日本汉学的护教性，视《论语》为单纯的学问对象，援用清儒的学说和研究方法，论究《论语》的传承、受注以及经本中的诸多问题；中国思想史学的创立者武内义雄以思想史学者的研究立场，通过精密的文献学操作，批判《论语》经本，考订篇章，进而明晰先秦时代儒家思想的展开轨迹；被誉为“东洋史学之巨峰”的宫崎市定以历史研究的立场，基于对传统考证学、注疏学的反省和批判，主张最大限度地自由批判《论语》经本和注疏。较而言之，吉川幸次郎的《论语》学最值得盛评之处在于其中国文学研究者的研究立场，对《论语》的审美、关于《论语》文体、文章节奏的论说，以及从“杜诗”和俗文学的角度探讨《论语》的广泛普及性等，皆为中国文学研究者立场上的独特观点，于当时的学界极具新意，堪称创见。

第四章 贝塚茂树的《论语》学：中国古代史学家的《论语》研究

本章主要以《孔子》《古代中国的精神》《〈论语〉的成立》以及译注本《论语》等贝塚茂树关于《论语》的著作为中心，并结合武内义雄等学者的论著，实证性地解明贝塚茂树《论语》研究的独特观点，究明其《论语》研究的特色所在。

第一节 贝塚茂树的学问：“新释古”

贝塚茂树(1904—1987),京都中国学派著名的中国古代史学家,于日本汉学界率先重视甲骨卜辞以及金文等出土资料的史料价值，从而创立了基于新资料的历史学研究法。另外,贝塚茂树还基于民俗学、考古学的研究成果,试图体系化地把握中国古代史,对日本中国学界贡献颇多。

明治三十七年(1904)五月一日,贝塚茂树生于东京都赤坂区灵南坂町的小川家,父小川琢治,母小雪,贝塚茂树兄弟排行第二,其兄小川环树乃中国文学研究专家,同为京都大学教授。昭和二十年(1945),入赘妻贝塚美代家,改姓贝塚。明治四十一年(1908),其父小川琢治受聘京都大学文学部,担任史学科人文地理学教授,举家移居京都。贝塚茂树自幼开始接触汉籍，据说小学时代既已通读“四书”“五经”《唐宋八家文》《左氏春秋》以及《十八史略》。京都府立一中毕业后,经第三高等中学,最终考入京都大学史学科。虽然贝塚茂树一直立志成为历史学家,但高中时代的兴趣在于西洋文学史,且极端厌恶汉学,故而高中二年级时决定报考西洋史专业。无奈其父之严命,只得放弃西洋之学,投身汉学,而对西洋学术的兴趣与关心，却为之后的中国史学研究提供了方法论方面的支援。昭和三年(1928),本科毕业后的贝塚茂树考入京都大学大学院(研究生院),昭和七年(1932)成为设立不久的东方文化学院京都研究所(后更名为东方文化研究所)研究员,该研究所于昭和二十三年(1948)并入京都大学人文科学研究所。自昭和七年(1932)至昭和四十三年(1968)退官的三十六年间,贝塚茂树一直在此开展科研活动。昭和四十年(1965),贝塚茂树任东方学会常任理事、东方学会京都支部部长,昭和四十三年(1868)退官,昭和五十一年(1976)荣获"文化功劳者"称号,昭和五十六年(1981)任东方学会会长,昭和五十九年(1984)授"文化勋章",昭和六十二年(1987)二月九日逝世。①

贝塚茂树著作颇丰,代表作有《中国古代史学的发展》《孔子》《古代中国的精神》《京都大学人文科学研究所藏甲骨文字》《诸子百家》《史记》《中国古代再发现》《我的岁月》等,后集结为《贝塚茂树著作集》(全十卷)。

通览《贝塚茂树著作集》(全十卷)会发现,贝塚茂树的史学研究年代跨度颇大,自古代中国直至毛泽东时代都有所涉猎。譬如,《中国古代再发现》《古代中国的精神》等属于中国古代史的著作;《旧中国和新中国》《毛泽东传》《孙文和日本》《何谓中国》等属于中国近现代史领域的研究。而"贝塚学"的真正特色之处则在于中国古代史,特别是甲骨文、金文的研究,代表性研究业绩有,《中国古代史学的发展》《京都大学人文科学研究所藏甲骨文字》等,其中《中国古代史学的发展》可视为关于中国古代史研究方法论方面的著作。

1. 甲骨文、金文的研究

昭和初年是"疑古派"占据中国古代史学界半壁江山的时代,虽然中国古代史研究应该以古典作为基本史料,但在西洋近代文明的影响下,学者开始从根本上质疑乃至否定古典的权威性。换言之,学界开始以批判的

①[日]永田英正:《贝塚茂树》,江上波夫平编著,《东洋学之系谱》第二集,东京:大修馆书店1994年第2版,第282-290页。

态度审视古典文本的内容，剔除其中荒诞无稽的后世传说，判别古典的史料价值。当时，康有为以《孔子改制考》、白鸟库吉以《尧舜抹杀论》、内藤虎次郎以《〈尚书〉稽疑》开疑古批判之先河。1926年以顾颉刚为中心形成“古史辨”派，又称“疑古派”由此开始，“疑古派”成为中国古代史研究的核心力量。与此同时，古史研究的另外一个学派——“释古派”也备受瞩目，“释古派”兴于罗振玉、王国维，后为郭沫若等学者继承发展。19世纪末，甲骨文和金文大量出土，“释古派”则着眼于甲骨文和金文的史料价值，并以此为据试图证明古典内容作为史实的信凭性。而在日本，林泰辅是关注此类新史料的第一人，曾搜集并整理甲骨文，留下不少业绩，堪称日本甲骨研究的先驱。但是，当时用于研究的甲骨出土数量有限，不少学者质疑其史料价值，故而无人继承林泰辅的研究。1911年，民国成立后罗振玉、王国维在故知内藤虎次郎等日本学者的帮助下，携大量甲骨旅居京都，之后京都成为孕育“释古派”的学术土壤。虽然内藤虎次郎原本属于“疑古派”学者，却认可甲骨文的史料价值，且依据罗振玉《殷墟书契前编》以及王国维关于甲骨的研究业绩，撰著论文《王亥》《续王亥》。据说，王国维受罗振玉之命尝拜访贝塚茂树的父亲小川琢治，当时年纪尚幼的贝塚茂树与王国维有过一面之缘。由此可见，启蒙和成长于京都独特学术土壤的“贝塚学”，在恩师内藤虎次郎和杨宽的影响下，一方面接受“疑古派”的学说，质疑中国古代史学界的现状；另一方面又肯定“释古派”的方法和态度，故而能够折中二者，致力于以研究新史料重新构建中国古代史。

昭和七年(1932)，身为东方文化学院京都研究所研究员的贝塚茂树主攻中国古代封建制度研究。首先以金文为基本资料，撰写《由金文所见锡臣的记事》，开日本依据出土史料研究西周史之先端。之后相继发表《新出檀伯达器考》《殷末周初的东方经略》等卓越的论著。昭和十年(1935)开始着手甲骨研究，而幸运亦于此时降临，在内藤虎次郎的恳求下，大阪实业家黑川幸七重金购买四百五十六片甲骨，后赠予东方文化学院京都研究所。当时，日本学界接触之“甲骨”既非原物，亦非原拓本，不过是拓本或模本的影印，能够亲手触及真正的甲骨，对贝塚茂树而言无疑是无比的幸运。当时，林泰辅早已离世，恩师内藤虎次郎亦去世不久，因此贝塚茂树可谓是日本关于中国甲骨研究的开拓者。

与日本的情况不同，当时的中国学界已迎来甲骨研究的巅峰时期。1928年，国民政府“中央”研究院开始考古发掘河南安阳殷代遗迹，翌年出土大量甲骨，其中包括四块完整的龟甲。此次考古发掘的主持人甲骨学专家董作宾发现四块完整龟甲上的卜辞中存在贞人（卜师）的署名，进而设定殷王世系、祖宗称谓、坑位、甲骨文文法、字形、书体等十个标准，并确立断代研究法，将甲骨文区划为五期。1932年，董作宾发表论文《甲骨文断代研究例》，是当时学界甲骨文编年研究的权威性著作。

贝塚茂树不仅在论文《甲骨学之新展开》中介绍董作宾的业绩，且将董作宾的研究成果用于整理黑川幸七捐赠的四百五十六片甲骨。另外，贝塚茂树在研究中发现不少人名，而这些人名并未非董作宾视为断代基准的贞人署名，故而判断董作宾的断代并不完善，存在遗漏，进而从贞人名、称谓、书体等各个方面再度考究甲骨文，最终确认第一期卜辞中不仅存在殷代政府官方的贞人集团卜辞（即董作宾所谓第一期卜辞），还存在由私人性质的王族卜辞和多子族卜辞组成的卜辞群，渐次迫近殷代占卜组织、政治组织的实态，对甲骨断代研究贡献巨大。这些新见解大都集结于论文《甲骨文字书体之变迁》（战前）、《甲骨文断代研究之再检讨》（战后）之中。另一方面，贝塚茂树古文字研究并非止于古文字本身，而是以出土资料为依据，力图重新构建殷周历史。昭和二十一年（1946）出版的《中国古代史学的发展》一书集约贝塚茂树于京都大学关于甲骨文和金文的授课讲义内容以及战前发表的多篇论文精要，荣获昭和二十二年（1947）度“朝日文化奖”。昭和二十五年（1950），人文科学研究所又获赠甲骨三千余块，乃朝日新闻社上野精一搜集罗振玉之旧藏，如此，人文研究所成为日本第一大甲骨宝库，贝塚茂树也随之拥有日本最丰富的甲骨资料可用于古史研究。自昭和三十四年（1959）至昭和三十五年（1960），贝塚茂树在助手伊藤道治的协助下，考察黑川与上野捐赠的甲骨，剔除赝品后剩余甲骨三千多块，进而基于自身的时代区分方法分类整理，为《京都大学人文科学研究所藏甲骨文字》全拓本添加照片，完成《图版册》（二册），又为《全释文》添加日语训读和详细注释，完成《本文篇》（一册），昭和四十三年（1968），再出版同书《索引》（一册）。是所谓贝塚茂树关于“人文科学研究所藏甲骨文字”之“三部作”，可视为贝塚茂树甲骨学研究的巅峰之作。

2. “古代都市国家”论

贝塚茂树和宫崎市定共同主张“古代都市国家”是为古代中国的存在形态。贝塚茂树认为中国古代，特别是春秋战国时代同时存在大量的都市国家，中国文明正是渐次形成于这些都市国家的基础之上。贝塚茂树著有《中国古代国家》，明确指出古代都市国家于宗教、祭祀、政治制度等方面的诸相，进而详尽论述都市国家向领土国家演变的经纬。[①]不仅如此，贝塚茂树很多的学说皆基于“古代都市国家”论之上展开。譬如，本章主要论及的《论语》及孔子思想的诸多论著，大都以“古代都市国家”学说为前提，故而“古代都市国家”论可谓贝塚茂树于中国古代史研究方面尤为根本的观点。

3. 中国古代史研究方法论：新释古

贝塚茂树不仅在中国古代史研究方面业绩丰硕，于史学理论和研究方法方面亦有极高的造诣。《中国古代史学的发展》《〈史记〉——中国古代的人们》《古代历史记述形态的变迁》以及《史传文学》等是这方面的代表性著作，其中《中国古代史学的发展》学界评价最高。金谷治曾经指出，贝塚茂树正是于《中国古代史学的发展》一书中彰显的“新释古”的研究方法，或谓之“新释古”的研究立场。[②]此书之序论题为“中国古代史研究的两条道路——疑古和释古”，论究品评当时并存的古史研究两派别——“疑

①［日］贝塚茂树：《中国古代国家》，《贝塚茂树著作集》卷1，东京：中央公论社1976年版。
②［日］金谷治：《贝塚先生和新释古》，《金谷治中国思想论集》下卷，东京：平河出版社1997年版，第449-453页。

古派”和“释古派”的优劣得失,并盛赞内藤湖南和杨宽的研究方法,进而提倡自身“新释古”的研究立场。

“疑古”即所谓对古代记事的质疑,怀疑自古传承至今的古代“史实”,并以近代古典批判的方法,打破历来既成古代史的诸相。疑古之风潮兴于康有为的《孔子改制考》、白鸟库吉的《尧舜抹杀轮》以及内藤湖南的《〈尚书〉稽疑》,大成于顾颉刚的《古史辨》。当时,中日两国史学界大多倾向于否定传承至今的古史,认为古典文献的文本批判是最重要的文献作业。而贝塚茂树却主张,重新修复文献批判下形同废墟的古典世界的殿堂,再次构建壮丽的古代史实相,是为古代史学家的任务。至于再度构建古史的方法和途径,贝塚茂树则认为应该继承罗振玉、王国维的衣钵,依据出土的新资料。当时,长久以来学界信凭的文献史料问题颇多,而考究新发掘的甲骨文、金文以及诸多出土文物,可以解决其中不少问题,持此种方法和态度者与“疑古派”相对而言被称为“考古派”或“释古派”。在贝塚茂树看来,中日史学界存在“疑古派”和“释古派”的学派对立,无益于学术进步,故而在内藤湖南和杨宽的影响下,提倡“新释古”的立场,整合折中两学派的学理和方法,以批判的态度甄别文献资料,同时合理、有效的利用出土新资料。[①]贝塚茂树关于《论语》成书的论说即基于“新释古”的立场之上展开。

4. 中国思想、文化、艺术、神话方面的研究

除史学之外,贝塚茂树对中国思想、文化、艺术等领域亦有所涉猎。譬如,《〈春秋左氏传〉解说》中,贝塚茂树批判津田左右吉和汉儒刘歆关于《左传》成书之说,主张:“《春秋左氏传》的原型最晚形成于战国末年。”[②]另有《中国哲学的出发点》一书,论究中国以人为本的思想,其中比较中国哲学与希腊哲学之异同,说明希腊哲学起源于小亚细亚米都利(Miletos)学派

①[日]贝塚茂树:《中国古代史学的发展》,序论《中国古代史研究的两条道路——疑古和释古》,《贝塚茂树著作集》卷4,东京:中央公论社1977年版,第13–29页。

②[日]贝塚茂树:《〈春秋左氏传〉解说》,《贝塚茂树著作集》卷5,东京:中央公论社1976年版,第332页。

的宇宙论，后经过雅典的苏格拉底(Sokrates)等哲人的演绎，发展至人生论，而中国最早的哲学家孔子则提倡人生论——“仁”的学说，所以中国哲学彻底以人生论或以人为本主义为根本出发点。[①]又于《中国古代抒情诗的时代》中主张，自西周后半期开始，中国文学进入抒情诗的时代，并比较《诗经》与希腊叙事诗的异同，指出中国古代鲜见叙事诗的原因，最后明确以《诗经》为代表的中国古代诗歌的特质在于音乐背景及讽刺意味等方面。[②]《诸神的诞生》属于中国古代神话研究，主要通过文献研究，考证中国山神的起源，殷王朝的高祖神即为山神，单目单足且佩戴猴脸面具，与日本民俗学大家柳田国男所言日本山神的形象完全一致，这究竟原因何在？可谓民俗学上的谜团。此书主旨即在于解明这个问题。[③]另外，贝塚茂树的研究还涉及中国书法、绘画等艺术领域，代表作有《贝塚茂树著作集》卷6中收录的《中国艺术和文化特质》《王羲之传》《汉代伏生授经画像砖考》《王维》《房山云居寺石浮图记铭考》等。

要之，中国古代史学专家贝塚茂树以甲骨文、金文等出土新资料为史料，力图重新修复文献批判下形同废墟的古典世界的殿堂，再次构建壮丽的古代史实相。一方面坚持以批判主义的学问意识审视古典文本；另一方面则合理、有效的利用出土新资料，整合折中“疑古派”和“释古派”的学问方法和立场，成就所谓“新释古”的古史研究法。除此之外，“古代都市国家”论，亦为贝塚茂树独特的史学观点。

---

①[日]贝塚茂树：《中国哲学的出发点》，《贝塚茂树著作集》卷5，东京：中央公论社1976年版，第247–256页。

②[日]贝塚茂树：《中国古代抒情诗的时代》，《贝塚茂树著作集》卷5，东京：中央公论社1976年版，第169–237页。

③[日]贝塚茂树：《诸神的诞生》，《贝塚茂树著作集》卷5，东京：中央公论社1976年版，第7–165页。

第二节　贝塚茂树《论语》研究的特殊观点

贝塚茂树关于《论语》及孔子思想的论著颇多,其中尤为代表者乃昭和二十六年(1951)年岩波书店出版发行的《孔子》(《贝塚茂树著作集》卷9)。贝塚茂树认为春秋列国皆为都市国家,是一种祭祀军事共同体。春秋中期以后,这种祭祀军事共同体渐次解体,乃至春秋末年,解体之势更剧。恰逢春秋末年降生的孔子尝以何种态度应对传统共同体的崩塌? 其思想脉络如何形成? 这是《孔子》一书的要旨所在,而核心文献即为《论语》。换言之,贝塚茂树从现今的时点回顾春秋时代的史实,设定祭祀军事共同体的概念,将孔子置于共同体崩塌解体的过程之中理解和把握《论语》所展现的孔子思想及其形成经纬, 其中体现贝塚茂树作为历史学家的研究立场,研究特色以及特殊观点。譬如,关于"知"的释义乃精确解析宗教、政治等方面于中国古代社会状况基础之上的解说, 是古代史学者特有的解读方式。另外,贝塚茂树立足《论语》文本,力证孔子并非保守主义者、复古主义者,为孔子正名,从而描绘全新的"孔子像"。

昭和二十二年(1947)秋田屋出版的《中国古代的精神》中收录有《孔子和子产》(《东光》第一号,昭和二十二年)、《关于孔子》(《世界》,昭和二十一年)以及《孔子的史学》(《智慧》第二卷第一号,昭和二十二年)等多篇论文，皆以《论语》为中心论究孔子思想及其形成，主要内容大都集结于《孔子》一书中。其中，《孔子和子产》从精神史的视点说明孔子所谓“仁”的思想萌芽于之前的“贤相时代”；再从社会史的视点说明孔子提倡的“德治主义”思想中隐含新兴士人阶级的抬头及其强烈的参政意欲，而“德治政治”正是士人阶级谋图政治统治的进步政治论。由此亦可看出日本汉学界中国古代史家的研究立场。

此外，《贝塚茂树著作集》卷5中收录的《〈论语〉的成立》(《东方学》第一号，昭和二十六年)中，依据出土新资料考证《论语》的“语”字，进而指出孔门教育集团的原型可以追溯至殷代多子族原始青年学团，其中显示贝塚茂树所谓“新释古”的研究立场和态度。

以上为贝塚茂树关于《论语》的研究状况，其中最具特色之处即在于中国古代史学家的研究立场。本节与次节主要以以上著作为中心材料，实证性地说明贝塚茂树《论语》研究中的特殊观点及其特色所在。

一、《论语·学而》第一章的训读：与吉川幸次郎的争论

“学而”第一章乃《论语》开卷，被狩野直喜称为一部“小《论语》”，[①]仅仅三节，道尽孔门教育之主旨：最初言“学”一字，再道“学”之效用，最后以“人不知而不愠”，谓君子应该知命。换言之，《论语》的核心思想浓缩于此章。另外，此章看似简明易懂，细玩则感到难懂之处颇多。在日本这些复杂的问题大都体现于训读方式的不同。

贝塚茂树译著本《论语》中对此章的训读迥异于同时代的其他学者。以下列举武内义雄、吉川幸次郎、宫崎市定以及贝塚茂树四家的训读，分析其间相违，进而品评贝塚茂树训读方式之得失。

①[日]狩野直喜：《〈论语〉〈孟子〉研究》，东京：美玲书房1977年版，第111页。

原文：

子曰："学而时习之，不亦说乎；有朋自远方来，不亦乐乎；人不知而不愠，不亦君子乎。"

武内义雄训读：

子曰く、学びて時(とき)に習ふ、亦説(悦)しからずや。有(と)朋(も)遠方(えんぽう)より来る、亦楽しからずや。人(己を)知らざるも愠(うらみ)ず、亦君子ならずや。[①]

吉川幸次郎训读：

子曰く、学びて時(とき)にこれを習う、亦説しからずや。朋有り遠方(えんぽう)より来たる、亦楽しからずや。人知らずして愠(いか)らずや。[②]

宫崎市定训读：

子曰く、学んで時(とき)に之を習う。亦た悦ばしからずや。朋あり、遠方(えんぽう)より来る。亦た楽しからずや。人知らずして愠(いきどお)らず。亦た君子ならずや。[③]

贝塚茂树训读：

子曰わく、学んで時(ここ)に習う、亦説(悦)しからずや。有(と)朋(も)、遠きより方(なら)び来たる、亦楽しからずや。人知らずして愠(いか)らず、亦君子ならずや。[④]

①[日]武内义雄：《〈论语〉之研究》，《武内义雄全集》卷1论语篇，东京：角川书店1978年第2版，第176页。

②[日]吉川幸次郎：《译注本〈论语〉》，《吉川幸次郎全集》卷4，东京：筑摩书房1984年版，第18页。

③[日]宫崎市定：《〈论语〉之新研究》，东京：岩波书店1974年版，第160页。

④[日]贝塚茂树：《译注本〈论语〉》，东京：中央公论社1977年版，第8页。

以上四家对“有朋”二字的训解大体相同，贝塚茂树与武内义雄完全一致，宫崎市定则采吉川幸次郎之说。四者主要分歧在于“时”“远方”二字的训解。

首先，“学而时习之”的“时”，历来注释家皆训为“时而（ときに）”，意为规定的某个时间复习学过的内容。武内义雄、吉川幸次郎、宫崎市定皆从传统训读，而贝塚茂树则引《诗经》为例，另立新说：

> 孔门教科书《诗经》《书经》中，“时”字通常为助词，并无具体意义。譬如，“时迈其邦”中的“时”，即为助词，“学而时习之”的“时”亦然，可训为“是（これ）”、“此（ここに）”，译为“其后（そのあとで）”。①

《诗经·周颂》是比《论语》更加古老的经典，其中“时迈其邦”的“时”乃助词，没有实际意义，这是“时”字比较古老的使用例。贝塚茂树以此为据主张“学而”第一章中的“时”字不应训为“时而（ときに）”，而应训为“是（これ）”或“此（ここに）”。

归纳文字于古典中的使用例解释经典文字，是江户古学派和清朝考证学派共通的研究方法，也是京都中国学的学问根底。单纯就研究方法而言，贝塚茂树对“时”字的训读是毋庸置疑的，毕竟，不仅《诗经·周颂》，《诗经·秦风》《尚书·尧典》《尚书·舜典》中也存在不少“时”用于“是”之意的实例。

另一方面，被誉为日本中国文学研究第一人者的吉川幸次郎则着眼于语言的节奏——rhythm，反驳贝塚茂树的训读方式：

> 《尚书》与《论语》文体根本不同，故节奏亦根本不同。贝塚君

①［日］贝塚茂树：《译注本〈论语〉》，东京：中央公论社1977年版，第9页。

所引例证，不能用于解释《论语》的字句。不仅限于“学而”第一章，同于“学而”篇的“使民以时”“乡党”中的“不时不食”“宪问”中的“子时然后言”“时”字皆表时间之意。另外，更为关键的问题在于，如若“学而时习之”的“时”为助词，无实际意义，那么文章整体的节奏与《论语》通篇的节奏不符……是故，解读文章必须自文章内部条件入手，即必须以文章的节奏为基本出发点。①

昭和五十三年(1978)，吉川幸次郎在龙谷大学举办的大学英语教育学会上演讲《语言的节奏》，指出汉语作为音声语言，由数量众多、各自独立的单词组成，必定按照一定的“节奏”，从口中道出。②《论语》是孔子的言行录，通常以“子曰”的形式，引出孔子的言语，故而文章必定具有一定的节奏。虽然“时”训为“是(これ)”“此(ここに)”多散见于《诗经》《书经》等先秦古书之中，是古代语的使用例，但《论语》乃散文文体，不同于《诗经》《书经》，文章的节奏亦有所不同，所以决不可同日而语，而传统训读则最为符合《论语》的文体和节奏。

其次，“有朋自远方来”中的“远方”，一般训读为“えんぽう”，取遥远地方之意，而贝塚茂树却提出反论：

“远方”并非现代语中的远方，作为古代语乃“远国”之意。参考中国近世学者俞樾之说，此句意为孔子的同僚与故友一起来参加孔子学园的行事。③

贝塚茂树首先指出古代语中鲜有“远”“方”二字连用的表达方式，也不表

①[日]吉川幸次郎：《贝塚茂树氏“孔子·孟子”》，《吉川幸次郎全集》卷5，东京：筑摩书房，1984年版，第126页。
②[日]吉川幸次郎：《语言的节奏》，《吉川幸次郎讲演集》，东京：筑摩书房1996年版，第189页。
③[日]贝塚茂树：译注本《论语》，东京：中央公论社1977年版，第9页。

示遥远地方或遥远国度之意，又基于清儒俞樾之说，分别训解“远”“方”二字：“远”训读为“远处之所（とおき）”，表遥远地方之意；“方”训读为“並（ならび）”，表众人聚齐之意。

另一方面，吉川幸次郎同样基于语言节奏的学理，批判贝塚茂树的训读：

> 依照贝塚茂树君的训读方式，此句应读作“有朋/自远/方来”——两音节单词反复三次，如此节奏过于普通，和《论语》中孔子的语气口吻不符……音、声的节奏强化文章的意义，从这层意义上讲，传统的训读——“有/朋/自/远方/来”，节奏最美，最能恰当的强调文章的意义。①

在吉川幸次郎看来，以贝塚茂树的训读方式，文章节奏过于普通，不符合《论语》文章整体的特质，并依据文章节奏强调文章意义的学理，说明传统训读最为合理。

中国古代史学家贝塚茂树继承清儒和江户古学派儒者提倡的古代语研究方法，归纳古书中语言的使用例训解“时”和“远方”，批判传统训读，另立新说。而吉川幸次郎则以中国文学研究者的立场，着眼于语言的节奏，批判贝塚茂树的新说，主张应该遵从“时”和“远方”的传统训读。无论中国古代史学家，或中国文学研究者，《诗经》《尚书》等古典皆为必须涉猎的重要文献资料，但非汉语造诣精深之日本学人，不能洞察汉语语言的节奏。笔者母语乃汉语，故而赞同吉川幸次郎的主张。虽然如此，贝塚茂树采用的语言学研究方法依然不可否定，其中可见对江户古学和清朝考证学

①［日］吉川幸次郎：《语言的节奏》，《吉川幸次郎讲演集》，东京：筑摩书房1996年版，第198–199页。

学问方法的尊崇和彰显，可视为日本近代中国学学问宗尚的体现。

二、孔子冤罪辨：重塑“孔子像”

《论语·述而》有“述而不作，信而好古”一文，同篇中又有“我非生而知之者，好古，敏以求之者也”，不少学者据此认为孔子完全盲从传统权威，不愿打破传统束缚。1915 年的“新文化运动”中，孔子作为复古主义者、保守主义者在中国备受批判。胡适于《中国哲学史大纲》（1919）中称孔子为“保守派”[①]；冯友兰于《中国哲学史》（1931）中严正指出孔子思想具有保守性和复古性。[②]当时不仅中国学界，日本学人亦有如此倾向。譬如，和辻哲郎于《孔子》（1938）中，一方面盛评孔子为中国思想史上最初的思想家，另一方面则强调孔子思想具有复古主义的倾向。[③]

而贝塚茂树则基于《论语》原文，从孔子的学问观、理想的政治制度以及历史主义立场三个方面，力证孔子绝非复古主义者、保守主义者。

首先，就孔子的学问观，贝塚茂树说：

> 孔子尝云：“多闻阙疑……多见阙殆……”，意指尽量丰富见闻，搁置其中存疑或不妥之处，这与“多闻择其善者而从之，多见而识之，知之次也”大体同义……所谓“见闻”乃来源于《诗》《书》等记述古代文化的典籍，或源自老师、先贤、前辈的教训……可见，孔子对古代传统的态度并非无原则、无甄别的全盘接受，而是具有一定程度的批判主义倾向。[④]

①胡适：《中国哲学史大纲》，《民国珍本藏书》，北京：团结出版社 2009 年版，第 70 页。
②冯友兰：《中国哲学史》上册，上海：华东师范大学出版社 2006 年版，第 49–51 页。
③[日]和辻哲郎：《孔子》，东京：岩波文库 2009 年版，第 134–137 页。
④[日]贝塚茂树：《孔子》，《贝塚茂树著作集》卷 9，东京：中央公论社 1976 年版，第 92–93 页。

在贝塚茂树看来，孔子所谓的学问并非一味祖述古代传统文化，而是剔除其中可疑、不妥之处，继承优良的传统文化，所以孔子对于传统持选择取舍的态度。在笔者看来，所谓“学而不思则罔，思而不学则殆”①是尤能反映孔子学问思想的箴言，其中也蕴含反省和批判传统学术的意味。

其次，就孔子理想的政治制度，贝塚茂树说：

> 孔子尝云：“周监于二代，郁郁乎文哉。吾从周。”孔子并未将夏殷二代作为理想，而视时距自身较近的周王朝制度为楷模。……周王朝综合夏殷二代制度，建立一套完善的政治体制，故而没有必要特意效仿夏殷二代。②

孔子绝非一味追求恢复古代王朝的政治制度，亦非视古代为黄金时代。《论语·八佾》之“周监于二代，郁郁乎文哉。吾从周”，即为最有力的证据。由此可见，孔子理想的政治制度并非最古老王朝的体制，孔子自身也没有尚古之癖，不可视其为复古主义者。

最后关于孔子的历史主义立场，贝塚茂树说：

> 子张尝问孔子是否可知十代后之事，孔子答：“殷因于夏礼，所损益，可知也；周因于殷礼，所损益，可知也。其或继周者，虽百世，可知也。”……孔子把握古代王朝制度的历史发展轨迹，从而看清将来社会的发展方向，进而预知未来王朝的政治制度。③

在贝塚茂树看来，孔子并非无视历史车轮的轨迹，一味提倡复归古代王朝制度，而是充分把握夏、商、周三代制度历史变迁的基础之上加以推衍，从

---

①《论语·为政》。

②［日］贝塚茂树：《孔子》，《贝塚茂树著作集》卷9，东京：中央公论社1976年版，第92-93页。

③［日］贝塚茂树：《孔子》，《贝塚茂树著作集》卷9，东京：中央公论社1976年版，第94-95页。

而预测十代之后，乃至百代之后的社会制度，预测历史发展的方向与轨迹。在当时,这是一种极具进步性的历史主义立场,孔子可视为一名历史进步论者。

要之,贝塚茂树反复吟味《论语》文本,指出孔子并非古代传统文化的盲从者,对于传统也持选择取舍的批判主义态度,并主张孔子能够精确洞察历史变迁的细节,以此把握未来社会的发展和变化趋势,是一名非凡的历史主义者。较胡适、冯友兰以及和辻哲郎的观点而言,贝塚茂树的论断未必可靠,但通过贝塚茂树的论说,孔子“冤罪”得雪,一改保守主义者、复古主义者的旧貌,一跃而成历史进步论者,从而塑造出全新的“孔子像”。这正是贝塚茂树于《论语》研究、孔子研究中所持的特殊观点。

第三节　中国古代史学家《论语》研究的特色

上节贝塚茂树于《论语》研究中的特殊观点是否正确，姑且不论，至少不同于历来的学说，可视为学界新观点。本节主要整理贝塚茂树《论语》学的显著特色之处，并抉己见加以论述。

一、“知”的释义：学问与宗教的分离

“樊迟问知。子曰：‘务民之义，敬鬼神而远之，可谓知以矣。’”出自《论语·雍也》第二十二章，其义不难理解，但孔子所言“务民之义，敬鬼神而远之”，并非“知”的释义，仅仅是达到“知”之境界的方法而已。一般认为，“知”通“智”，“知”是“智”的古体字，表示聪明、智慧之意。而贝塚茂树则结合孔子所在古代都市国家的政治形态，对“知”做如下释义：

> 在祭政一致的都市国家，治民之政治与祭神之祭祀混为一体。孔子既重视政治也注重祭祀，却反对依照神的意志进行政治活动，即排斥殷代以来的神政政治传统，这就意味着孔子已然意识到政治和宗教应该分离。当时，中国古代都市国家祭政一致的

传统逐步崩坏，脱离宗教束缚的政治形态渐次确立。孔子认为，认识到政治与宗教应该分离，即为“知”，所以“知”本身也必须脱离宗教的限制。[①]

古代都市国家是祭祀军事共同体，通过占卜求取神明意志，以此作为政治活动的依据，此乃当时主要的政治形态。但当此时代的孔子则认为宗教与政治应该分离，虽然在形式上依旧重视对神的祭祀活动，但更应该注重统治国民的政治活动，这才是“知”的真正含义，是智慧，聪明的表现。

众所周知，《论语》中孔子的主张大都倾向于实践方面，最具代表性者即为关于“仁”的教谕。《论语》所载孔子关于“仁”的说明并非“仁”的释义，而是“仁”的实践方法，或是如何能够达到“仁者”之境界的手段、途径，譬如“克己复礼为仁”[②]等。《论语》中关于“知”的解释同样具有实践性，并未言明本身的含义。虽然“知”“智”二字相通之说既已成为学界的共同认识，但贝塚茂树对“知”的解读却远远超越了此种共识，通过分析中国古代国家的宗教政治关系，爬梳神托政治的解体过程，探讨“知”在当时具有的时代意义。换言之，贝塚茂树对“知”的释义与中国古代社会的宗教、政治状况吻合，是建立在中国古代史研究基础之上的学说，可谓古代史学家立场上独特的解说。

二、孔子思想的根源：精神史研究的视点

在日本汉学界，关于孔子思想源头的论说并不多见，武内义雄尝于《中国思想史》“古代中国的民族信仰”一章里主张：“孔子的思想起源于古代中国的民族信仰，周公的道德是为孔子道德观之先河。”[③]武内义雄的说

①[日]贝塚茂树：《孔子》，《贝塚茂树著作集》卷9，东京：中央公社论1976年版，第84页。
②《论语·颜渊》。
③[日]武内义雄：《中国思想史》，东京：岩波书店2005年第2版，第5-11页。

法固然不错，但周公之世距孔子之时相隔大约四百多年，其中难道没有出现过某种思想对孔子学说的形成带来巨大影响吗？所以，武内义雄的说法中存在一定程度的缺憾，有待进一步探讨。而贝塚茂树却在古代史学家的立场上，从精神史的视点分析孔子思想和子产的关系，究明孔子思想的根源，弥补武内义雄说的缺憾。

贝塚茂树认为，孔子在三十岁之前，即鲁襄公、鲁哀公之世，处于青少年修养时代，也是中国古代的“贤相时代”[①]，郑国子产正是这一时代的领军人物之一，《论语》中也载有不少关于孔子对子产的评价。贝塚茂树则通过解析此类评价，说明孔子思想的根源所在。

首先，关于《论语》中孔子对子产的评价，贝塚茂树说：

> 由《论语·宪问》“为命，裨谌草创之，世叔讨论之，行人子羽修饰之，东里子产润色之”一文即可以看出孔子盛赞子产的文采，另外孔子还称赞子产为“惠人也”。由此可见，孔子并非对政治家子产一味无条件的礼赞，而是仅仅认可子产的文采和人格。以上引文皆出自“下《论》”的“宪问”，而在“上《论》”的“公冶长”也有孔子对于子产的品评：“有君子之道四焉：其行己也恭，其事上也敬，其养民也惠，其使民也义。”由此不难看出，孔子对子产的评价虽然是高度的礼赞，但绝非无条件绝对的礼赞，其中不失客观公正的态度，孔子是为子产高尚的人格倾倒。此段引文与“下《论》”“宪问”中的引文相比，大有不同，“下《论》”中对子产的褒扬可谓更具局限性……但相对“上、下《论》”中孔子对管仲截然不同的评价而言，“上、下《论》”中对子产评价的差异是可以忽

①孔子诞生以前的春秋战国时代，周王朝既已日渐衰落，传统的贵族势力也渐次衰颓，国君能力平庸，而卓识深远的宰相却为数不少，例如，郑国的子产和齐国的晏婴。所以，贝塚茂树将这一时代称为“贤相时代”。贝塚茂树：《中国古代的精神》，《孔子和子产》，《贝塚茂树著作集》卷6，东京：中央公社论1977年版，第25-29页。

略的……总而言之,孔子对子产持褒扬,乃至盛赞的态度。①

《论语》中孔子对子产的品评凡三处:“上《论》”中一处,“下《论》”中;两处。②其间不同之处在于“上《论》”中孔子对子产的赞颂仅限于“文章”和“人格”,而“下《论》”中子产则被誉为君子,具备君子应该具有的一切道德。虽然如此,总体而言《论语》中孔子对子产的评价还是相当高的,这与《论语》中孔子对管仲的评价相比较则更加明显。而孔子之所以如此高度评价子产的原因则在于:

孔子活跃于鲁昭公、鲁哀公时代,此时代之特征是由子产主导的“贤相时代”的国势均衡状态被打破,南方蛮夷吴、越两国争霸,频繁袭扰中原,同时各国的陪臣,即新兴的士人阶级参政意欲日渐强烈, 以封建贵族为中心的旧制度开始全面衰颓……对于孔子而言,子产所主导的“贤相时代”即使不是“黄金时代”,至少也是“白银时代”,乃值得孔子追慕怀念的理想时代。那么,孔子对子产个人的尊崇也是理所当然之事……孔子在继承 “贤相时代”精神遗产的基础之上,成就自家学说。③

对照孔子和子产各自生活时代的不同可知, 孔子所处时代和之前的“贤相时代”相比可谓乱世。身处乱世的孔子当然会追慕曾经“贤相时代”的安定局面,当然会尊崇“贤相时代”的主导人物子产。据此,贝塚茂树认

①[日]贝塚茂树:《中国古代的精神》,《孔子和子产》,《贝塚茂树著作集》卷6,东京:中央公社论1977年版,第30-31页。

②“《论语》上、下《论》”之说,源于日本江户儒者伊藤仁斋的《〈论语〉古义》。伊藤仁斋认为,《论语》二十篇根据内容和文体的不同,可以“乡党”为界划分为“上《论》”和“下《论》”,“上《论》”首先编纂,而“下《论》”则为其补遗。伊藤仁斋:《〈论语〉古义》,总论,《日本名家四书注释全书》卷3论语部一,东京:凤出版,1973年版,第2页。

③[日]贝塚茂树:《中国古代的精神》,《孔子和子产》,《贝塚茂树著作集》卷6,东京:中央公社论1977年版,第31-32页。

为孔子的学说建立于“贤相时代”的精神遗产之上。那么，所谓“贤相时代”的“精神遗产”究竟何所指？与孔子思想有何关联？关于这一问题，贝塚茂树说：

> 冈崎文夫博士在《古代中国史要》中指出，(在“贤相时代”)以人为本的精神开始抬头，并逐渐超越原来的宗教主义，正是由于以人为本之精神的确立，迷信才慢慢被排斥。郑国子产尝道：“天道远，人道近。天道者，人知之所不及。”晏子也有类似的言论，都是以人为本精神的宣言。可以说，以人为本并非“贤相时代”个别先觉者的观念，而是当时有识之士的共识……(他们主张)主宰人之命运者并非上天，而是人自身，人可以通过自身努力来改变命运。以人为本的精神渐次超越了天命观念。孔子所谓的“不事人，焉事鬼”“不知生，焉知死”等颇具合理主义的思想，即建立于此种“贤相时代”特有的观念基础之上。①

贝塚茂树援用冈崎文夫的观点，主张以人为本的精神和合理主义的思想既已萌芽于孔子之前的“贤相时代”，《论语》中所见孔子对生死、鬼神的态度是对此种精神思想的继承。换而言之，所谓“贤相时代”的“精神遗产”即指以人为本、合理主义精神思想的萌芽。

众所周知，孔子的思想可用“仁”一字概括，是孔门的最高理想，一般被解释为“爱”。吉川幸次郎曾经指出：“这种爱绝非存在于神与神、神与人之间，而是存在于人与人之间。”②可见“仁”的思想摆脱了古代社会的宗教神秘主义，洋溢着以人为本、合理主义的精神思想，所以孔子理所当然会对极富宗教神秘色彩的生死、鬼神等观念持排斥态度。故而可以说，“仁”

①[日]贝塚茂树：《中国古代的精神》，《孔子和子产》，《贝塚茂树著作集》卷6，东京：中央公社论1977年版，第32–33页。

②[日]吉川幸次郎：《吉川幸次郎全集》卷5，东京：筑摩书房1970年版，第103页。

的思想虽始于孔子，但其中所蕴含的人文主义精神，却来源于“贤相时代”，萌芽于“贤相时代”的以人为本、合理主义的思想倾向或观念，是孔子思想的渊源所在。

要之，通过比较孔子“仁”的思想和之前“贤相时代”领军人物子产的思想，贝塚茂树说明孔子思想中的以人为本和合理主义的精神思想早已萌发于“贤相时代”，进而指出孔子思想渊源于“贤相时代”的“精神遗产”。换言之，贝塚茂树是通过捕捉子产所在治世和孔子所处乱世之间存在的共同观念和思潮，洞悉期间的影响和关联，为孔子思想寻根溯源。这完全是精神史研究的视点和方法，在日本近代《论语》论著中实属罕见。

三、孔子的“德治”和子产的“法治”：社会史的观点

贝塚茂树一方面认为孔子思想之中存在继承“贤相时代”某些观念的因素，另一方面还主张其中也存在颠覆“贤相时代”某些观念的因素，最具代表性者即为与子产倡导的“法治主义”相对抗的“德治主义”。

据《春秋左氏传》记载，子产最具革新意义的政治举措之一即为“以法治国”的主张，尝制订成文法，镌刻于铜鼎之上，这被视为中国古代史上划时代的重大事件。“法治主义”的政治方针威胁到了长期以来的贵族政治传统，当然招致贵族阶层的反对，但是由于“法治主义”符合当时郑国国情，的确为郑国百姓谋求到福祉。虽然通过《论语》可以看到孔子盛赞子产的态度，但《论语·为政》中却记载有孔子批驳“法治”，主张“德治”的言辞，[①]当中可见孔子激烈反对子产”法治主义”的立场。一般认为，孔子反对“法

①《论语·为政》：为政以德，譬如北辰，居其所而众星共之。《论语·为政》：道之以政，齐之以刑，民免而无耻。道之以德，齐之以礼，有耻且格。

治”，主张“德治”具有一定的反动性，孔子是一个保守主义者、复古主义者。但是在贝塚茂树看来，孔子的“德治主义”非但不具有保守性、复古性，而且是代表新生士人阶层参政要求的进步政治论。关于这一点，贝塚茂树首先分析子产的出身阶层和“法治主义”的关系：

> 子产系郑国贵族……贵族的优越感使其轻视一般庶民的能力和素质，这是子产源于自身的特殊社会地位所形成的观念和意识，是与生俱来，根深蒂固的。法治主义即萌发于此种贵族观念和意识的基础上。①

贵族阶层与生俱来的优越感是子产“法治主义”形成的精神因素，继而贝塚茂树又指出孔子的出身和“德治主义”的关联：

> 孔子属于中流士人阶层，其学说大都以士人阶层的意识为基础。子产的法治主义虽然使郑国政治安定，经济繁荣，但毕竟是基于贵族阶层立场的政策，忽视新兴士人阶层的存在。因而孔子对此大为不满，无论如何也不能认可轻视庶民的政治主张。在孔子看来，所谓法治主义的实质不过是高傲的贵族阶层的慈善事业而已。不能否定的是，在孔子的内心深处，一直在强调政治所具有的道德意义，这与其士人阶层的立场紧密相关。②

在贝塚茂树看来，代表士人阶层的孔子极其反感贵族阶层轻视庶民的政治举措，强烈主张士人阶层参政。换言之，“德治主义”根源于新兴士

①［日］贝塚茂树：《中国古代的精神》，《孔子和子产》，《贝塚茂树著作集》卷6，东京：中央公社论1977年版，第33–40页。

②［日］贝塚茂树：《中国古代的精神》，《孔子和子产》，《贝塚茂树著作集》卷6，东京：中央公社论1977年版，第40页。

人阶层强烈的参政欲望。故而,孔子批判“法治”主张“德治”体现着士人阶层的兴起和壮大,“德治主义” 是为士人阶层谋求政治地位和政治权利的政治论,具有历史进步性。

要之，贝塚茂树精确解析孔子和子产所在时代社会构造和阶级构造的变化,从而说明“德治主义”并非具有保守性、复古性的反动学说,而是代表新生阶层政治利益的进步政治论。很明显,这是基于社会史研究视点上的学说,在日本近代《论语》论著中并不多见。

四、《论语》的成书:“新释古”的立场

关于《论语》的成书,古来众说纷纭,中国清儒崔述、日本江户儒者伊藤仁斋、太宰春台、日本近代汉学家的武内义雄、津田左右吉等皆持有独特的见解。概而论之,以上诸说大都自文献批判着手,通过文本批判,质疑传承已久的古代史诸相,否定经典的权威性和真实性,带有强烈的疑古派学问风格。崔氏、仁斋、武内、津田皆善于文本批判,其结论甚至否定了《论语》的史料价值,使曾经的经典化为废墟。其中,武内义雄的《〈论语〉之研究》最大限度地复原了《论语》的原始相貌,其中不乏试图重建古代史的研究态度,但被视作后学附加的“子罕”“季氏”“阳货”“微子”四篇是如何编入现行本《论语》的?其与所谓最古的三种《论语》有何关联?这些问题并未得到解决。换言之,武内义雄未能完全复原《论语》成书的历史经纬。

另外,与疑古派相对,还有以罗振玉、王国维为始祖的释古派,擅长利用当时新出土的甲骨文、金铭文以及其他的考古发现进行古史研究。在贝塚茂树看来,疑古派大都重视文献批判,疏于古史构建,而释古派则单纯依赖解读新资料,而疏于史料文本研究,两者皆有缺憾之处。在内藤湖南的启迪下,贝塚茂树提倡以杨宽为代表的“新释古”研究立场,主张将史料批判和新资料解读相结合,力图以此重建古代史。论文《〈论语〉的成立》被

誉为“新释古”的研究成果。[①]

(一)贝塚茂树研究《论语》成书的目的

《〈论语〉的成立》一文的冒头，贝塚茂树即言明自身对《论语》成立史的认识，以及考察《论语》成书的目的：

> 吾人(贝塚茂树)对中国史学史颇有兴趣，一直对中国古代的史料传承方法进行研究。中国古代史料大致可分为大史、小史、内史、外史等由不同的史官编纂保存的书面记录，另外还包括由瞽师(盲人乐师)代代口头传承的历史故事，两种史料直接的关系可谓史学发展史上颇为重要的问题。《论语》的成书即反映了孔子的言语是如何被记录的，易言之，《论语》的成书可视为口头传承到书面化的变迁过程。兹试论《论语》之成书，即为究明这一过程。[②]

究明《论语》中所载孔子的言语究竟以何种方式保存、传承，何时被整理成书，乃《论语》成书史中最重要的问题。在贝塚茂树看来，《论语》中所载孔子的言辞原本为口头传承，之后渐次被文字记录，最终形成现行本《论语》。而研究《论语》的成立，则意在探究口头传承到书面化的变迁经纬。

(二)《论语》之“语”：“养老乞言合语”[③]——口头传承的典型

众所周知，孔门教育颇重实践，孔子的道德教谕多为弟子付诸社会实

①[日]金谷治：《贝塚先生和新释古》，《金谷治中国思想论集》下卷，东京：平河出版社 1997 年版，第 449–453 页。

②[日]贝塚茂树：《〈论语〉的成立》，《贝塚茂树著作集》卷 5，东京：中央公社论 1976 年版，第 275 页。

③《礼记·文王世子》言“凡祭与养老乞言合语之礼”，其下又注曰：“养老乞言，养老人之贤者，因从乞善言可以者也。和语谓乡射，乡饮酒。大射，燕射之属也。”盖所谓“养老乞言和语”乃乞老人之善言之意，原本为周代王子的教育方式。《礼记卷八》，《汉文大系》(十七)，台北：新文丰出版有限股份公司，1978 年版，第 3 页。

践中。同时,为了不忘孔子的教谕,一些弟子将老师的言辞记录于“绅”之上,譬如子张。另一方面,孔子的门徒大都记忆力惊人,皆习惯背诵老师的言语,而遇到这些有必要背诵的言语之时,孔子则通常令弟子落座,并将此等言语改为对仗工整的韵文,大声朗读给弟子听,以方便背诵。例如,《论语·阳货》中的“六言六蔽”等,即为其代表,而在道出“六言六蔽”之前,孔子则说:“居,吾语汝。”①

诸如“六言六蔽”一般对仗工整的韵文,多见于“季氏”“阳货”等篇,这样的文体与其他诸篇颇为异质,故而崔述、武内义雄将“季氏”“阳货”视为后学的附加,否定其史料价值。但是,贝塚茂树则关心孔子所谓“居,吾语汝”一句中“语”的含义,认为诸如“居,吾语汝”一般的言辞不仅存在于《论语》,更多散见于其他先秦儒家经典之中,可以视为孔门师徒问答之礼。②又以《孟子·公孙丑》《荀子·大略》《国语·楚辞》《周礼·春官》的记载为依据,说明自身对“语”的理解:

> “语”并非书面之物,而是背诵的言语,其内容大都为必须牢记的人生教训……“语”是中国古代一种重要的口承文学。③

贝塚茂树认为,“语”绝非由文字传承,而是通过口头传承。孔子首先让弟子落座,然后讲述重要的道德教谕,即为孔门固定的教学形式。那么这种教学形式究竟渊源何处?就此问题,贝塚茂树继而说:

> 春秋时代以前贵族子弟的教育制度被儒家作为乡党之礼传

①子曰:“由也,汝闻六言六蔽矣乎?”对曰:“未也。”“居,吾语汝。好仁不好学,其蔽也愚。好知不好学,其蔽也荡。好言不好学,其蔽也贼。好直不好学,其蔽也绞。好勇不好学,其蔽也乱。好刚不好学,其蔽也狂。”《论语·阳货》

②[日]贝塚茂树:《〈论语〉的成立》,《贝塚茂树著作集》卷5,东京:中央公社论1976年版,第277–278页。

③[日]贝塚茂树:《〈论语〉的成立》,《贝塚茂树著作集》卷5,东京:中央公社论1976年版,第279页。

> 承下来，《仪礼》中残存的"饮酒礼"和"乡射礼"是为记录乡党之礼的文献。作为地域团体的"党"由五百家构成，成员必须实行共同的丧祭婚冠仪式，其子弟必须要到"序"(乡的学校)接受教育，而担任教职的教师并非职业学者，而是被称作"乡老"的退休老者……乡党小学教育的历史可以追溯至殷代的王子教育组织——多子族制度。吾人(贝塚茂树)曾经以卜辞和金文为依据，论述多子族是殷代王子的教育集团，由老者担当教学任务，相当于原始民族的青年俱乐部。而多子族在周代则被称为公族，依然请老者作为教师。乡党的教育无疑踏袭了殷周的方式……《礼记·文王世子》言周公传承成王训育，其中详细讲述针对周世子(太子和卿大夫的嫡子等)的教育制度，说明当时学校礼仪的核心内容是"养老乞言合语之礼"……静敦大概为西周中期的穆王时代之物，其上刻有金文"王静命学官司射，小子、服、小臣、夷仆学射"……这明显是乡党学校举行大规模的乡射礼。由此可以推定，乡饮酒礼的仪式同样在周代的学校举行……而乡党的"养老乞言合语之礼" 则可以视为乡村地域共同体里举行的小规模乡饮酒礼。儒家则承袭了乡党的教育组织形式，"养老乞言合语之礼"演变成为孔子和弟子之间的问答之礼。①

贝塚茂树首先指出"居，吾语汝"的孔门教学形式实际上踏袭春秋时代之前既已存在于乡党组织中的"养老乞言合语"的礼仪，进而根据卜辞、金文的研究结论说明"养老乞言合语"是西周贵族学校的核心礼仪内容，而西周教育组织形态则渊源于殷代原始民族的教育组织——多子族。简而言之，由殷代多子族发展而成的普通乡村教育组织是孔子学团教学形式的渊源所在。从这一点上看，"季氏""阳货"等篇中诸如"六言六蔽"一般对仗

①[日]贝塚茂树：《〈论语〉的成立》，《贝塚茂树著作集》卷5，东京：中央公社论1976年版，第283–285页。

工整的韵文，不但不是后学的附加，反而是最符合孔门问答之礼的"语"的形式，与乡党组织中的"养老乞言合语"之礼一致，应该被视为《论语》中最原始的部分。此点与崔述、武内义雄本文批判的结论大相径庭，可谓是贝塚茂树独特的见解。

此处值得注意的是贝塚茂树对金文研究结论的应用。贝塚茂树曾经撰文《殷代金文中的图像文字——"[illegible]"》，通过研究卜辞和金文，证明多子族是殷代王子教育集团，相当于原始民族的青年俱乐部，[1]并以此为依据说明孔门教育形式渊源于殷代多子族。另外，出土文物静敦上所镌刻的铭文也被作为论证的依据。由此可见贝塚茂树"释古"的研究立场。另一方面，贝塚茂树的研究并非一味依靠出土新资料，文本研究也十分缜密。例如，对于"居，吾语汝"一句中"语"的释义即为代表。所以，兼顾、并重基本文献和新史料的态度是贝塚茂树的研究特色，其中充分体现了"新释古"的研究立场。

（三）关于《论语》成书的再解释：口头传承和书面传承的并行

按照贝塚茂树的说法，"季氏""阳货"诸篇是口头传承的孔子语录，最符合孔门的教学方式，是《论语》中较为原始的部分，这与近代文献学的研究结果大相径庭，从表面上看似乎否定了武内义雄关于《论语》成立的学说。但贝塚茂树并没有一味否定武内义雄的观点，而是以此为出发点，结合自身对"语"的认识，再次解释《论语》的成立过程：

> 武内博士认为，包括"为政"到"泰伯"的七篇是古老的《河间七篇本》，"下《论》"中除去"季氏""阳货""微子"三篇所剩的七篇

---

①[日]贝塚茂树：《殷代金文中的图像文字——"[illegible]"》，《贝塚茂树著作集》卷2，东京：中央公社论，1977年版，第245–294页。

是《齐〈论语〉七篇》、成文于《河间七篇本》之后，而由“学而”和“乡党”构成的《齐鲁两篇本》是为以上两本之要约，成文于《河间本》《齐论》之后，而剩余的“子罕”“季氏”“阳货”“微子”则为孔门后学的附加。吾人(贝塚茂树)认为，这四篇被附加以前，书面化的“原《论语》”既已存在，是弟子根据记忆以及记录于“绅”上的笔录整理而成的散文。但是，附加部分恰恰是“原《论语》”中的遗漏之处，是口头传承的孔子语录，孔门后学则将其追加编纂入《论语》之中……儒家学团一方面传承书面化的孔子语录——“原《论语》”，同时也传承以“语”的形式保留下来的、口头传承的孔子语录……原本应该以“语”的形式保存的孔子语录却被门人弟子书面化，编辑成为散文的形式，而在后来追加编辑时，“语”的原态又被如实录入《论语》之中，从而形成现行本《论语》各篇中于文体上的矛盾之处。这恰恰说明了《论语》是在书面记录和口头传承的交错并行的过程中，渐次成立的。①

武内义雄曾经通过原典批判得出结论：《河间七篇本》《齐〈论语〉七篇》以及《齐鲁两篇本》是为《论语》的源流，“季氏”“阳货”诸篇则为后学附加部分。而贝塚茂树则认为“季氏”“阳货”诸篇中所录孔子的言语符合“语”的形式，是口头传承的孔子语录，是对孔子言语最忠实的记录。虽然二者在“季氏”“阳货”诸篇的史学价值问题上存在分歧，但贝塚茂树并不认为自身的学说与武内原典批判的结论相悖，也肯定所谓三种“原《论语》”的存在，所强调的是《论语》的成立并非单纯的文献记录，口头传承在《论语》成立史上同样具有重要的意义，现行本《论语》就是在书面和口头两种传承方式的交错并行过程中逐渐形成的。

①[日]贝塚茂树：《〈论语〉的成立》，《贝塚茂树著作集》卷5，东京：中央公社论1976年版，第287-290页。

要之，贝塚茂树对《论语》成书史的再解释可以说是对武内义雄关于《论语》源流学说的增补，其中可以看出贝塚茂树对武内义雄研究成果所持的肯定态度。武内义雄的《论语》研究疑古之风浓重，目的在于通过文献批判，究明思想史的真相，用所谓三种“原《论语》”构筑《论语》的成立史，并在此基础之上，探究先秦儒学思想的发展轨迹。但是，对三种“原《论语》”之外的“季氏”“阳货”诸篇的说明略显不足，可以说被文献批判废墟化的《论语》成书史并没有得到完全的复原。而贝塚茂树则在肯定三种“原《论语》”存在的同时，应用卜辞、金文等新史料，对《论语》的“语”展开历史性的考察。换言之，贝塚茂树既高度评价近代文献批判的方法，也重视出土新资料的史料价值，这种文献批判和新资料解读相结合的方法，正是以杨宽为代表的“新释古”学派的古史研究法。故而，就《论语》成书史的再解释充分表现出贝塚茂树“新释古”的研究立场，《〈论语〉的成立》可谓“新释古”的成果。

小　结

中国古代史学专家贝塚茂树关于《论语》的著作颇多，笔者通过精读和整理，将贝塚茂树《论语》学的特色归纳为以下四点：

1."知"的历史性解读

贝塚茂树将"知"置于中国古代神托政治解体过程之中，对"知"展开历史性的解读，指出"知"意味着学问与宗教的分离，强调"知"在政教一体的古代都市国家末期所具有的时代意义。贝塚茂树对"知"的释义与中国古代社会的宗教、政治状况相吻合，是建立在中国古代史研究基础之上的学说，可谓史学家立场上独特的解说。

2.从精神史研究的视点为孔子思想寻根朔源

贝塚茂树以精神史研究的视点和方法，捕捉子产所在治世和孔子所处乱世之间共通的观念和思潮，洞悉其间的影响和关联，指出孔子以人为本和合理主义的精神思想早已萌发于"贤相时代"，进而说明孔子思想渊源于"贤相时代"的"精神遗产"。

3.从社会史研究的视点说明孔子"德治主义"的历史进步性

为了说明"德治"是代表新生阶层政治利益的进步政治论，为孔子正名，贝塚茂树以社会史研究的视点和方法，首先说明孔子和子产出身阶层之相违,再剖析二者所处时代社会构造和阶级构造方面的变化,进而指出“德治主义”中包含新兴士人阶层的参政意愿,最终说明“德治主义”主张的历史进步性和积极意义。

4. 以“新释古”的立场和方法构建《论语》成立史

贝塚茂树认为疑古和释古两学派的古史研究皆有缺陷,故而主张“新释古”的研究立场和方法,综合折中文献研究和出土资料研究,力图重新构建古代史。关于《论语》成立史的再解释即为其“新释古”的研究成果。

综观日本近代《论语》诸论考则不难发现,以史家的立场解读《论语》是日本近代《论语》学的显著特色之一,武内义雄、津田左右吉、宫崎市定、贝塚茂树以各自独特的史学研究方法和立场展开对《论语》的探究。其中,武内义雄、津田左右吉、宫崎市定的《论语》论著虽然在研究方法上有所不同,甚至就某些观点存在重大分歧,但总体而言大都侧重于《论语》的文本批判。而贝塚茂树则以“新释古”的研究立场和方法,在重视文本研究的同时,强调出土新资料的史学价值,将文献批判和新资料研究相结合,从而最大限度复原了《论语》的成书史。可以说贝塚茂树关于《论语》成书史的研究无论是在方法上,还是在观点上,在当时的学界都是独树一帜的,以“新释古”的立场构筑《论语》成立史是贝塚茂树《论语》研究最显著的特色。

第五章 宫崎市定的《论语》学：东洋史学家的《论语》研究

本章主要以《〈论语〉之新研究》为中心材料，明确宫崎市定著作《论语》之动机，再解析此书内容，究明宫崎市定《论语》学的特色，进而说明所谓“新研究”的“新”之所在。

第一节 宫崎市定的学问：史学的突破

宫崎市定(1901—1995)，日本近代东洋史学家，堪称战后日本史学研究代表者，被誉为“日本东洋史学之巨峰”①，博通经史，视野广阔，研究范畴涵盖整个中国史，对于政治、经济、文化、东西交流史等诸多领域亦有所涉猎。不仅如此，宫崎市定还以实证研究的手法，重新构建中国史的体系，并明确中国史于世界史上之意义。

明治三十四年(1901)，宫崎市定出生于日本长野县下水内郡秋津村(现饭山市)，其父宫崎市藏为当地饭山小学教员。大正九年(1919)，宫崎市定考入新设立的松本高等学校文科甲类，成为该校首批学生。大正十一年(1922)年高中毕业后，入京都大学文学部史学科，专攻东洋史学，师事史学科的内藤湖南、桑原陟藏、矢野仁一、羽田亨以及中国文学科的狩野直喜。京大毕业后，留校担任助教，开启学究生涯。昭和七年(1932)“一·二八事变”之际，宫崎市定应征入伍，赴上海参战。三四月后，返回日本。昭和十一年(1936)留学法国，于巴黎东亚语学校学习阿拉伯语，昭和十三年(1938)八月，经由美国返回日本。昭和十五年(1940)发表论文《东洋的朴

①[日]砺波护、间野英二：《东洋史学 宫崎市定》，砺波护、藤井让治编，《京大东洋学之百年》，京都：京都大学学术出版社2002年版，第224页。

素主义民族和文明主义社会》,昭和十八年(1940)《五代宋初的通货问题》出版,昭和十九年(1944)晋升京都大学文学部教授,昭和二十年(1945)《科举》(秋田屋刊行,再刊后更名为《科举史》)问世,昭和二十二年(1947)出版《亚洲史概说续编》,同年被京都大学授予文学博士学位。昭和二十五年(1950)任京都大学文学部学部长,同年著作《东洋的近世》,提倡“宋代近世说”。昭和三十三年(1958)十月客座法国巴黎大学(Paris University)教授,继而远赴美国,任哈佛大学(Harvard University)客座教授,昭和三十七年(1962)返日。宫崎市定于昭和四十年(1965)退休,成为京都大学名誉教授,同时兼任德国汉堡大学(Hamburg University)和鲁尔大学(Ruhr University)客座教授。授课之余则在京大附近吉田山东麓的家中,埋头撰著《〈论语〉之新研究》以及《中国史》。平成元年(1989),获“文化功劳者”称号。宫崎市定的大部分著作集结为《宫崎市定全集》(全二十四卷、别卷一册),且亲自为全集各卷撰写解说。平成七年(1995)年三月刊行随想集《游心谱》,“自序”乃其学究生涯之绝笔。同年五月二十四日,享尽天年,九十五岁离世。[①]

砺波护尝将宫崎市定的学术生涯分为三个时期:“至战败的二十年”“至退休的二十年”“悠然自得的二十年”。[②]连清吉先生则基于砺波护的划分,进一步分析各个时代宫崎市定学问方面的突出之处。[③]笔者兹以连清吉先生的观点为中心,加以对宫崎市定师承关系的考量,进而论究“宫崎学”之特质。

1. 宫崎市定的古史研究法:纸上考古学

宫崎市定继承内藤湖南的“文献学”和滨田耕作(1881—1938)[④]的“考

①[日]砺波护:《宫崎市定的生涯》,《东洋史学 宫崎市定》,砺波护、藤井让治编,《京大东洋学之百年》,京都:京都大学学术出版社2002年版,第220–239页。

②[日]砺波护:《宫崎市定的生涯》,《东洋史学 宫崎市定》,砺波护、藤井让治编,《京大东洋学之百年》,京都:京都大学学术出版社2002年版,第225–235页。

③连清吉:《日本京都中国学与东亚文化》,《宫崎市定:日本东洋史学的巨峰》,台北:学生书局2010年版,第102–104页。

④[日]滨田耕作:日本考古学家,京都大学教授,京都大学总长,毕生致力于确立日本近代考古学,著有《通论考古学》《东亚考古学研究》《考古学入门》等。

古学”，成就所谓的“纸上考古学”。于论文《古代中国赋税制度》(《全集》卷3)、《中国城郭起源异说》(《全集》卷3)中提出新观点——古代中国曾经存在如同古希腊一般的都市国家。宫崎市定自称这两篇论文乃“纸上考古学”的研究成果。之后，又撰写《东洋朴素主义民族和文明主义社会》(《全集》卷2)，指出古代以后东亚北方游牧民族和南方土著社会的对立和抗争并非单纯源于生活方式和经济发展水平方面的差异，而是源于更为深层的人生观的对抗，日本原本属于朴素民族。此书不乏关于中国各时代社会特质的独特观点，譬如论究中国文明的发祥与盐的关系，强调中国春秋时期的城郭都市生活等。

2. 内藤史学的展开：东洋近世论

内藤湖南主张宋代为中国近世之开端，即所谓“宋代近世说”。[①]宫崎市定则基于内藤湖南的观点加以展开，认为宋代不仅是中国近世的开端，而且是以中国为代表的全东亚地区近世的开端。20世纪50年代，日本盛行唯物史观下的史学研究，关于中国历史时代区分的争论愈演愈烈。宫崎市定正是在如此学术环境之下著作《东洋的近世》(《全集》卷2)，推衍内藤湖南的“宋代近世说”至“东洋近世论”，并批判当时盛行的“宋代中世说”。实际上，此书问世十年前，宫崎市定即已发表论文《东洋的文艺复兴和西洋的文艺复兴》(《全集》卷19)，阐述“宋代近世说”的观点。《东洋的近世》则继承此论文的核心观点，自东亚和世界诸国的交通状况入手，论究东亚地区社会经济、文化、政治等方面的特色，强调国民主义既已勃兴于东亚近世时期，进而树立宫崎市定独特的史论。另外，随着日本学界关于中国史时代划分方法的争论日益激烈，宫崎市定又撰著一系列五代至明清社会经济史方面的论文，以充实内藤湖南“宋代近世说”的实证性(社会经济史乃内藤湖南史学研究的薄弱之处)，包括：《五代史上的军阀资本家——晋阳李氏》(《全集》卷9)、《中国近世的商业资本借贷》(《全集》卷9)、《宋代

①[日]内藤湖南：《中国近世史》，《内藤湖南全集》卷10，东京：筑摩书房1969年版。

以后的土地所有形态》(《全集》卷 11)等。

3. 桑原史学的继承:东西关系史研究

桑原笃藏可谓日本东西交涉史研究的先驱，为学界贡献不少卓越的研究业绩。受桑原史学的影响,宫崎市定颇为注重东西关系史,特别是西亚史研究。昭和十一年(1936)二月至昭和十三年(1938)八月,尝远渡欧洲留学,两年半的旅欧经历可谓“宫崎学”形成的关键时期。大学毕业之际,桑原笃藏建议宫崎市定深入钻研东西关系史，而当时宫崎市定却未能领悟西亚史研究的意义所在,故而一味埋头于中国社会文化史的研究。留学法国时,宫崎市定渐渐认识到西亚史研究的意义和重要性,开始全身心投入东西关系史的研究之中。《东洋的文艺复兴和西洋的文艺复兴》(《全集》卷19)、《十八世纪法国绘画及其对东亚的影响》(《全集》卷 19)、《毗沙门天信仰之东渐》(《全集》卷 19)等论文是为宫崎市定关于东西方艺术和宗教方面研究的代表。另外,《菩萨蛮记》(《全集》卷 20)虽然是宫崎市定记录自身西亚旅行的游记,亦可视为西亚历史概说书。所以,宫崎市定堪当日本西亚史研究的先驱人物。

4. 景气[①]变动史观:经济史的观点

由于受内藤湖南文化史学的影响，以文化史的观点认识中国及东亚的历史变迁乃当时京都大学史学研究的主流。另一方面,加藤繁于东京大学倡导以经济史的观点进行研究。宫崎市定则认识到京大史学于经济史研究方面的缺憾，故而首先着手考察中国古代的赋税制度。昭和十年(1935)发表论文《就晋武帝的户调式》(《全集》卷 7),主张唐代“均田制”源于晋代的“占田课田制”,甚至可追溯至曹魏的“屯田制”,给予当时学界相当的冲击。宫崎市定的经济史研究注重考察制度的变迁,博士论文《五代宋初的通货问题》(《全集》卷 9)可视为经济制度史研究的重要成果。

宫崎市定在六十岁左右时尝旅居欧美两年，其间开始思考中国历史

①所谓“景气”,乃日语中的汉语词汇,指社会整体经济状况之意。

上的“景气变动”问题，认为中国自古既已持续发生“景气变动”，“景气变动”会给社会各个方面带来影响，从“景气变动”的角度认识中国历史，经济和文化必须同时纳入研究范畴。昭和三十八年(1963)，宫崎市定于京都大学大学院(研究生院)讲座《中国史上的景气变动》，提倡以“景气变动”作为基本观点，不仅可以重新认识中国历史时代划分问题，也可重新审视中国经济史的研究方法。

昭和三十八年(1963)，宫崎市定在为吉川幸次郎《宋诗概说》撰写的书评中，首次提出“景气变动史观”，翌年于《历史教育》发表论文《六朝隋唐社会》，正式以“景气变动”作为史观展开研究。虽然“景气变动史观”成立于宫崎市定花甲之后，但却成为其不变的持论。昭和四十三年(1968)中公文库出版中世史概说书——《大唐帝国——中国的中世》，昭和五十三年(1978)宫崎市定纂成通史著作——《中国史》(《全集》卷 1)，平成二年(1990)发表论文《景气和人生》，平成五年(1993 年)三月刊行《宫崎市定全集》卷 1 的“自跋”，皆为基于“景气变动史观”之上的论说，且就世界史体系亦有所言及。

要之，兼文献学与考古学之精华而成就“纸上考古学”乃“宫崎学”之核心；以内藤湖南“唐宋变革论”“宋代近世说”为基础，加以社会经济史的观点，通过研究东亚与西亚及欧洲的交流状况，从而成就“东洋近世论”乃宫崎市定所持史论；基于明清两代“景气变动”研究之上成立的“景气变动史观”乃宫崎市定史学研究的史观。以上三点皆可谓当时史学研究领域之突破，是宫崎市定自身独特的学说。不仅如此，“宫崎学”内容丰富，涉猎广泛，乃至包括针对“佃户”以及《水浒传》等经济领域、文化领域的个别研究，同时研究对象时代跨度颇大，自汉代至清代皆囊括于“宫崎学”之中。

第二节　宫崎市定《论语》学的特色

宫崎市定的《〈论语〉之新研究》于昭和四十九年(1974)由岩波书店出版刊行,凡“历史篇”“考证篇”和“译解篇”三个部分。第一部分“历史篇”主要讲述《论语》的成书以及《论语》的注疏史、研究史,可称为“《论语》的历史性考察”。第二部分“考证篇”主要是关于《论语》文本的原典批判,逐一列举《论语》文本中存疑之处,并将疑点归纳为“误字”“脱字”“衍文”“错出”四类,将历代《论语》训诂解释中的问题,归纳为“断句”“引用文”“文意”“语义”四类。第三部分“译解篇”为《论语》的现代日本语译,以“意译”的方法将《论语》字句翻译为现代日语。

本节首先明确宫崎市定著作《〈论语〉之新研究》的动机,再解析此书内容,详论宫崎市定《论语》学的特色所在。

一、宫崎市定著作《〈论语〉之新研究》的动机

宫崎市定首先以一名历史学家的治学角度对《论语》展开历史性的研究。通常认为,《论语》为研究孔子和孔子思想的最基本史料,譬如狩野直喜、吉川幸次郎、贝塚茂树即以《论语》为中心讲述孔子生涯,武内义雄则

通过对《论语》的原典批判，明晰孔子思想之原貌。[①]而宫崎市定却将这一观点加以发展，通过研究《论语》的注疏史，辨析中国经学展开的经纬；通过究明历代学者研究《论语》的态度，说明孔子于中国历史上地位的变迁。

此外，宫崎市定基于对传统考证学的反思，针对《论语》本文和传统注疏展开批判，其中不乏颇具创建性的观点。考证学为京都中国学派的学问根底，狩野直喜和内藤湖南皆崇尚考证之学风，其弟子武内义雄亦于继承文献考证学的基础之上，树立中国思想史学的研究方法。然宫崎市定却认为传统考证学的弊端在于盲从所谓“无证不可信”的考证学派“家法”，导致研究方法仅局限于字句篇章的对比，未必从文献内部探求证据。[②]换言之，考证之“证”仅仅指其他书籍的记录，而欠缺就文本内容的检讨。譬如，清朝考证学忠实传承者的武内义雄虽对《论语》文本进行批判，其重点在于对篇章的考证，目的在于究明《论语》的源流。但在宫崎市定看来，武内义雄的批判方法虽然严谨，但由于恪守传统考证学法则，所以只能探究篇章的形成顺序，不能彻底解决《论语》文本中的矛盾之处，故而主张脱离古注疏和考证学法则的束缚，以“敢以意改”[③]的态度对《论语》文本进行“完全自由”[④]的批判。

二、《论语》的历史性研究

《〈论语〉之新研究》之历史篇主要讲述《论语》的成立和注疏史，宫崎市定考察历代《论语》注疏的特色，说明中国经学的发展经纬，并明晰孔子

---

①[日]狩野直喜：《〈论语〉〈孟子〉研究》，东京：美玲书房 1977 年版；吉川幸次郎：《关于〈论语〉》，东京：讲谈社 1976 年版；贝塚茂树：《孔子》，《贝塚茂树著作集》卷 9，东京：中央公论社 1976 年版；武内义雄：《〈论语〉之研究》，《武内义雄全集》卷 1 论语篇，东京：角川书店 1978 年第 2 版。

②[日]小仓方彦：《逆流和顺流——我的中国文化论》，《〈论语〉之新研究》，东京：研文出版 1978 年版，第 181 页。

③[日]宫崎市定：《〈论语〉之新研究》，东京：岩波书店 1974 年版，第 65 页。

④[日]宫崎市定：《〈论语〉之新研究》，书端，东京：岩波书店 1974 年版。

于中国历史上地位的变迁。此外,对《论语》于日本的传承、授受、注疏以及研究状况亦有所言及。

(一)《论语》的成书:反论武内义雄说

一般根据《汉书·艺文志》的著录以为,《论语》于汉代始称《论语》,且有《古论》二十一篇、《齐论》二十二篇和《鲁论》二十篇的三种异本并行于世,而后此三种异本为东汉大儒郑玄所统合,成为现行本的《论语》。然武内义雄则根据王充《论衡·正说》对此通说提出反论,主张:《汉书·艺文志》所著录的《齐论》《鲁论》和《古论》并非异本,《齐论》与《鲁论》皆为《古论》问世以后以《古论》为基础所产生的二次异本,三论实为同一系统之物,而于《古论》问世以前,即汉武帝以前,被称为《齐鲁两篇本》《河间七篇本》的异本即已存在,且此九篇恰恰相当于现行本《论语》的前半部。[①]

宫崎市定则质疑武内义雄的观点:

> 武内义雄博士所谓《古论》二十一篇之外尚有九篇——《齐鲁》一篇、《鲁论》一篇、《河间》七篇,凡三十篇,乃现行本《论语》的原始材料。其中《古论》二十一篇之外的九篇相当于"上《论》"中的九篇。然此处值得商榷的是,武内义雄提供的此类信息与历来传承大为不同,实在有违常理。按照传统通说,无论《齐论》或《鲁论》,虽然是《古论》之外的别本系统,但篇章分量应该大致相同。然武内义雄所谓之《齐论》与《鲁论》各仅一篇,《河间本》不过七篇而已,试问如此迥异于《古论》二十一篇的版本是如何问世的?倘若此九篇别本系统《论语》文本真的存在,刘歆、班固等大儒焉有不知之理?[②]

①[日]武内义雄:《〈论语〉之研究》,《武内义雄全集》卷1论语篇,东京:角川书店1978年第2版,第67–72页。
②[日]宫崎市定:《〈论语〉之新研究》,东京:岩波书店1974年版,第13–14页。

宫崎市定认为，武内义雄提出的新说中存在两处疑点：第一，所谓独立存在的《齐鲁两篇本》和《河间七篇本》是如何问世的？第二，假使武内义雄的新说成立，那么《汉书》著者班固以及刘歆等汉代学术权威为何不知如此重要的信息，而仅作为一介布衣学者的王充却得以知晓。换言之，一贯主张以目录学为中国学研究之基础的武内义雄为何不相信目录学专著《汉书·艺文志》的著录。

此外，宫崎市定于《论衡·正说篇·说〈论语〉章稽疑》一文中亦指出：

> 武内义雄博士认为《论衡·正说篇·说〈论语〉章》"满纸谬误，殆不可读。"且颇费苦心加以考订，订正十二处文字。然依鄙见，此段文章的问题不仅在于文字，还有两处错简，更为关键。一处十七字，另一处三十七字，甚至更多。而且还须订正由错简所引发的二次错误，否则难以领会文章意义……《论衡·正说篇·说〈论语〉章》所言《论语》篇数较传统通说甚为相违。究竟"齐篇""鲁篇"与《齐论》《鲁论》有何关系？一般以为《齐鲁》凡二十二篇，《鲁论》共二十篇，而"齐篇""鲁篇"为何独立于《齐论》《鲁论》之外？此外，如果"齐篇""鲁篇"与《古论》中的"学而""乡党"两篇大体一致的话，那岂有独立成篇之理？①

在宫崎市定看来，武内义雄对《论衡·正说篇·说〈论语〉章》的批判仅限于订正文字，而没有注意到错简和经注混淆的现象，且所谓的《齐鲁两篇本》《河间七篇本》与《古论》《鲁论》《齐论》的关系亦不明确。基于以上的疑点，宫崎市定同样对《论衡·正说篇·说〈论语〉章》进行批判，指出其中的错简和混入的注文，并将武内义雄作为依据的"齐鲁二河间九篇三十篇"从新

①[日]宫崎市定：《论衡·正说篇·说〈论语〉章稽疑》，《〈论语〉之新解读》，东京：岩波书店1996年版，第217页。

订正为“齐论又多问王篇知(治)道篇”[①],并以此作为《汉书·艺文志》著录的佐证,故而主张武内义雄根据《论衡·正说篇·说〈论语〉章》所做的论证有待商榷,《论语》的成立应该遵从传统通说。

(二)以《论语》论述经学史及孔子地位的变迁

究明《论语》的成立和源流之后,宫崎市定将《论语》置于中国汉代以后的历史上进行历史性的考察,即厘清汉代至清代《论语》注疏方法的变化,究明历代《论语》注疏的特色,进而辨析自汉唐注疏学、宋明性理学至清朝考证学的中国经学展开经纬,并且从历代学者对《论语》的不同态度,说明孔子于历代地位的变迁。

具体而言,宫崎市定首先考察《〈论语〉郑玄注》残卷和辑本,说明汉代经学的特色在于汉儒对经典的尊崇和牵强附会的解释两个方面,再将《〈论语〉郑玄注》较以何晏《〈论语〉集解》,究明六朝时代南北经学之相违,强调南方经学特色在于以皇侃《〈论语〉义疏》为代表的“疏”的出现,而“疏”的出现正说明当时“问难”与“敷衍”学风的盛行,直至至孔颖达《五经正义》的编定,统合南北的经学。考察邢昺《〈论语〉正义》,指出北宋的学风大致与唐代相同,经典注释趋于统一。又比对宋学成立和大乘佛教成立的相似之处,辨析宋学成立的经纬,究明“四书”如何后来居上,成为儒学经典的过程。再比较朱子《〈论语〉集注》和何晏《〈论语〉集解》、皇侃《〈论语〉义疏》,实证性地说明新注确有超越古注之处,进而肯定宋学于中国经学史上的积极意义。考察明代薛应旂《四书人物考》和许胥臣《四书人物考订》,证明考证学的精神既已确立于明代。最后以刘宝楠《〈论语〉正义》问世于清朝考证学全盛期之尾声和戴震《〈孟子〉字义疏证》未为当时学界所欢迎,说明在向汉学复归的风潮下,以“五经”为中心的经典研究风靡一时,而以《论语》为代表的“四书”研究却趋于衰微的现象,并且通过比较

①[日]宫崎市定:《论衡·正说篇·说〈论语〉章稽疑》,《〈论语〉之新解读》,东京:岩波书店1996年版,第218页。

《〈论语〉郑玄注》的辑本和残卷实证性地说明清考证学的极限，指出向汉学复归的风潮所带来的厚古薄今的学风实为清代考据学的弊端所在。

于辨析中国经学史的同时，宫崎市定对孔子于历代地位之变迁亦有所言及，其实早在昭和十三年（1938），宫崎市定既已于《孔子于东洋史上之地位》一文中，以《论语》为中心说明孔子不仅是儒学的开祖，还是东洋伦理学的始祖，并以“加上法”[①]为依据，说明以孔子为中心的儒家是中国思想学派的起源。[②]三十五年以后，七十二岁高龄的宫崎市定再度强调孔子是中国文化史上最重要的起点[③]，历史性地考察孔子地位变迁经纬。

在《〈论语〉文新研究》历史篇中，宫崎市定并没有特设章节讲述孔子地位的变迁，而是从各时代学者对《论语》的态度这一角度进行探讨。据宫崎市定所言，南宋以前，经学中心在于“五经”，尧、舜、禹、汤、文、武的先王之道乃儒学根源所在，孔子仅为先王之道的继承者、祖述者而已。虽然六朝时代，孔子上升至儒家开祖地位，然经学的中心仍在“五经”，故而孔子的地位依然低于三代先王。而南宋以后，随着宋学的成立，“四书”代替“五经”成为经学研究的核心，至此《论语》超越“五经”成为儒学最上之经典，而孔子亦超越诸先王的地位，儒学从此成为孔门之学，儒教成为孔子之教。[④]宫崎市定讲述孔子地位的变迁，结止于宋代，毕竟明代和清代，无论明学之兴起或考证学之风靡，于宋代所确立的孔子至高无上的地位从未发生过改变。

要而言之，宫崎市定通过对《论语》传承史、授受史、注疏史、研究史的考察，一方面辨析中国经学史；另一方面究明孔子于中国历史上地位的变迁，其中显现出一个独特的史学研究方法，即通过对某一事物历史的研究

---

①加上法：一切的思想学说均系其之前存在的思想学说的基础之上加上而成的。[日]武内义雄：《中国学研究法》，《武内义雄全集》卷9思想史篇二，东京：角川书店1978年第2版，第52页。

②[日]宫崎市定：《孔子于东洋史上之地位》，《〈论语〉之新解读》，东京：岩波书店1996年版，第157页。

③[日]宫崎市定：《〈论语〉之新研究》，书端，东京：岩波书店1974年版，第7页。

④[日]宫崎市定：《〈论语〉之新研究》，东京：岩波书店1974年版，第3–30页。

从而发掘、辨析与其关联的其他事物的历史实相。以《论语》作为研究孔子及其思想的史料为学界常识，狩野直喜、吉川幸次郎、贝塚茂树曾以《论语》为中心讲述孔子的生涯事迹，但均未言及中国经学的展开和孔子地位的变化，故而于当时的学界，宫崎市定的这种研究方法可谓极具新意，是《〈论语〉之新研究》一书所谓“新”之所在。

（三）日本的《论语》研究

《〈论语〉之新研究》历史篇第七章《论语在日本》主要略述自《论语》传入日本直至幕末的《论语》传承、授受、注疏以及研究状况，其中宫崎市定对江户古学派的《论语》研究给予非常高的评价，指出伊藤仁斋所倡导的古义学意在再现孔子的宗旨，此点不等同于漫无目的的考证之学；伊藤东涯对“类语”的研究胜于中国语言学家的研究，是日本独特的汉学研究方法。更重要的是，于讲述日本《论语》学史的同时，辨析日本儒学的展开大势。①

三、《论语》批判

《〈论语〉之新研究》第二部分考证篇包括“《论语》文本中的疑点”和“《论语》训诂中的疑点”两章，宫崎市定以东洋史学家的研究立场针对《论语》文本和历代《论语》注释分别展开批判。

（一）《论语》文本批判

于“《论语》文本中的疑点”部分之冒头，宫崎市定首先言明自身的研究立场：

> 凡古典之经本多有谬误，殆无正确之经本……吾人（宫崎市

①[日]宫崎市定：《〈论语〉之新研究》，东京：岩波书店1974年版，第64-65页。

> 定）以此立场审视《论语》经本，质疑之处颇多，并未感到任何矛盾与不安。从史学研究的角度出发，凡文献者皆为史料，原则上或多或少皆存谬误。故而，若遇文意经义无法疏通之处，切勿一味斥责自身文献解读能力，而应怀疑经本中是否存在谬误。①

对于历史学家而言，文献皆为史料，即使是儒家经典的《论语》亦不例外，文本传抄不免会有误、衍、缺、漏的所在，故而宫崎市定以史学家的立场，主张应以怀疑、批判的态度解读、研究《论语》文本，并将《论语》文本中的错误大体归纳为为“误字”“脱字”“衍字”和“错出”四类。

譬如：《论语·乡党》第八章的“肉虽多不使胜食气”一句被宫崎市定订正为“肉虽多不使胜饩”。之所以如此订正，宫崎市定解释说：

> 此句为关于孔子日常生活中饮食习惯的记录，其中“食气”一词的意义颇为不明，联系前后文可知其为米饭之意。全句意思为，肉虽然多，不要让吃肉的分量超过吃主食米饭的分量。但是，历来的注释家皆不能解释“食气”为何意为米饭……《论语》中如此难解之语在吾人（宫崎市定）看来并不难解，因为其中存在谬误。如若对谬误不加以订正，文意自然难解。假设“食气”二字原为“饩”一字，而为后人所误抄为“食气”两字，那么此句便不再难解。“饩”有以下几层含义：《国语·周语》中“膳宰致饔，廪人献饩”一句，韦昭注释：“熟食曰饔，生者曰饩，是为禾米。”即“饩”意为禾米、稻米之意。而所谓“生”则指未煮熟的生米。《国语·周语》中似乎对米之生熟并不重视，而“饩”字通常单被训解为“食”，所谓“食”盖指熟食，而非生食。如果以上论述无甚大过，那么《论语》的原文有可能为“肉虽多不使胜饩”，如此语义便自然通顺了。此处应该引起注意的是，昔日的考证学者，譬如清代的刘宝楠、日

①［日］宫崎市定：《〈论语〉之新研究》，东京：岩波书店1974年版，第64–65页。

本江户时代的荻生徂徕虽未言明此点，但未尝没有这样想过，以他们的学识并不应该想不到，但站在考证学的立场上，他们即使想到了也不可能大胆地进行批判与订正。[①]

历来注释家皆不能准确说明“食气”一词的意义，包括日本近代古典解释的权威性著作《汉籍国字解全书》亦不能做出明确的解释[②]。宫崎市定以韦昭《国语·周语》注“膳宰致饔，廪人献饩”的“饩”为证，主张“食气”两字宜合为“饩”一字。又对传统考证学进行批判，认为如此简单的谬误，考证学家们不可能没有意识到，只是由于考证学“家法”的束缚而不敢对经典中的错误提出批判。以清朝考证学为代表的传统考证学“家法”有“无证不可采信”之说，要改正经典中的错误，必须采用对照比较其他文献的方法，即使无法解读章句、无法疏通经义也不能订正经典文本。即传统考证学家对经典批判必须依据显现于表面的“物证”，历史学者于重视“物证”的同时也重视通过文献内部批判所得到的“理证”。所谓理证是指：文章所表达的意思是否通顺、是否符合常理、是否依照客观法则、契合客观实际等。这是一种非常科学的学问方法，却为传统的考证学家所否定。

又如，宫崎市定针对《论语·微子》第七章的批判：

子路从而后，遇丈人，以杖荷蓧。子路问曰：“子见夫子乎？”丈人曰：“四体不勤，五谷不分。孰为夫子？”植其杖而芸。子路拱而立。止子路宿，杀鸡为黍而食之，见其二子焉。明日，子路行，以告。子曰：“隐者也。”使子路反见之。至则行矣。子路曰：“不仕无义。长幼之节，不可废也；君臣之义，如之何其废之？欲洁其身，而乱大伦。君子之仕也，行其义也。道之不行，已知之矣。

---

①[日]宫崎市定：《〈论语〉之新研究》，东京：岩波书店1974年版，第70–72页。
②[日]中村惕斋：《论语》，《汉籍国字解全书》，东京：早稻田大学出版社1909年版，第186–187页。

文中施以横线的“路”字，宫崎市定以为涉上文而衍，应删除而作“子曰”，且言明理由：

> 此文虽看似无任何难解之处，但全文所表达的意思却甚为奇怪。首先子路是孔子颇为器重之弟子，《论语》各章大都以孔子对弟子的训示为终结，而此处却以子路冗长的说教为终结，大有逾越孔子的味道。同时，子路的做法亦有悖常理，其离开孔子后遇到一隐遁老人，言语之间与老人甚为投缘，且为老人邀至家中做客。然子路却于老人背后批评其乱人伦道德。生性率直的子路为何不当面批评其缺点呢？另一方面，孔子的做法也让人难以理解，他为何命子路重返老人之处呢？而子路也认为重返老人之处实属无用之举，且言语间流露出对孔子不满的情绪，在子路看来那老人并非超凡卓越。综上所述，文中三人之言行皆违背常理，究其原因，吾人（宫崎市定）认为是文中的错误造成的。①

《论语·微子》第七章虽不难解释，然旧来的解释不符合孔子和子路的师徒关系，也不符合子路的性格。宫崎以为此段文章的意思是：子路于隐遁老人家中信受款待，且受到隐者人生观的教喻，而后子路将所见所闻转告孔子，孔子唯恐爱徒受异端的影响，命其重返老人处，宣讲儒家的人生观，故原文“子路曰”以下的长文本应为关于儒家人生观的叙述，实该为孔子之语，“子路曰”本应作“子曰”。②关于此段文字的批判实际上也没有客观的物证，所依据的是通过上下文义的梳理而得到主观性理证，这正是宫崎市定主张的“敢以意改”③的原典批判方法，这种方法对于恪守“家法”的传统考证学者来说，无疑颇具挑战意味。其实，朱熹既已于《四书集注章

①[日]宫崎市定：《〈论语〉之新研究》，东京：岩波书店1974年版，第98-99页。
②[日]宫崎市定：《〈论语〉之新研究》，东京：岩波书店1974年版，第99页。
③[日]宫崎市定：《〈论语〉之新研究》，东京：岩波书店1974年版，第65页。

句》提及:“福州有国初时写本,路下有‘反子’二字,以此为子路反而夫子言之也,未知是否。”①《汉籍国字解全书》亦引用朱熹之说,由于没有确实的文献为证,而未加以订正。②

要之,历来学者,特别是清朝考证学家,并非不敢于批判经典文本,但前提必须依据其他古典文献,采取外部批判的方法,确实颇具科学性,但亦存在一定程度的界限。宫崎市定一方面肯定传统考证学文本批判的方法;另一方面又不拘泥于传统考证学的“家法”,以历史学家的立场对《论语》文本展开内部批判,这正是《〈论语〉之新研究》所谓“新”之所在。

(二)《论语》注释批判

《论语》的文本大抵固定,而其训诂则随时代变迁而变化显著。所谓“训诂”不仅包括训诂学者对经文的解释,还应该囊括宋明理学、考证学等各学派对经典文本字句的解释以及经义的疏通。一般以为,训诂乃学者个人行为,具有相当的自由性和随意性。而宫崎市定却于《〈论语〉训诂中的疑点》部分的冒头,列举限制训诂的主要因素:

> 虽说注释经典乃自由行为,但(历来注释的)自由程度远不及今时今日。首先,于科举制度之下,考试标准答案必须依据官学的注释,故而朱子的解释长时间处于君临状态。如果为学之目的、读经之目的、研读《论语》之目的都在于应试科举,朱子学必然影响《论语》的训诂。另外,训诂本身并非单纯的文字学研究,经常与思想意识相关。历代王朝皆严格监管思想意识领域(意识形态),对于此范畴中出现的问题,绝不姑息……虽说训诂经文

①(宋)朱熹:《四书集注章句》,《钦定四库全书荟要》,长春:吉林出版集团有限公司2005年版,第87页。

②[日]中村惕斋:《论语》,《汉籍国字解全书》,东京:早稻田大学出版社1909年版,第359页。

是一种技术行为，也受到政府和社会的监督，一直处于一种有形无形的压力之下，故而长久以来，经典文本和解释皆趋于固定化。即使于当今社会条件下，学界依然存在这种倾向。鉴于此，吾人（宫崎市定）致力于成立一种全新的训诂学，以完全自由的方法和态度训解古典。①

历来经典文本的解释受科举考试的束缚以及政府的思想钳制，绝非完全自由的个人行为，固定化的倾向非常严重，无疑成为学术进步的重大阻碍。故而，宫崎市定主张以近代纯粹的学术研究立场为出发点，自由解释经典文本，成立新的训诂之学。毋庸置疑，宫崎市定是在质疑包括汉唐注疏学、宋明性理学以及清朝考证学在内的一切传统学术，实可谓对传统注释家的"挑战宣言"。《〈论语〉训诂中的疑点》中将《论语》注释的问题点归纳为四类："句读""引用文""文意""语义"，其中不乏宫崎市定独特的学术观点。

譬如《论语·雍也》第二章传统的句读为"仲弓问子桑伯子，子曰：'可也，简……'"，可也"断句，以"简"作为其解释说明。宫崎市定则对其提出了异议：

吾人（宫崎市定）认为这种句读很不自然，问者并没有要求孔子马上回答问题，那么孔子为何没有说出子桑伯子之名而以急切的语气道出"可也，简"三字呢？这绝非孔子正常的态度。通读《论语》则不难发现，孔子的言语中，"也"字位于中间位置的三字句式颇多，且这种句式的起始之字往往为弟子之名，最后一字则为对其品性的评价……故而可以推测，"可也，简"极有可能也属于这种句式，应读为"可也简（可や簡なり）"。这种读法的问题在于"可"是否确为子桑伯子之名。这个问题现在虽无从考证，但也不能完全否认其可能性。②

①[日]宫崎市定：《〈论语〉之新研究》，东京：岩波书店 1974 年版，第 104–105 页。
②[日]宫崎市定：《〈论语〉之新研究》，东京：岩波书店 1974 年版，第 106–107 页。

“可也，简”，新注、古注皆以“可也”断句，清儒黄式三《〈论语〉后按》也说：“‘可也’绝句，‘简’又一句”[①]，《汉籍国字解全书》亦如此断句[②]。而宫崎市定却将其改读为“可也简”，主张“可”是子桑伯子之名。汉唐时代的学者不能找到“可”为子桑伯子之名的证据，故而读为“可也，简”。宫崎市定虽未有明证，却以理批驳历来句读。

又如《论语·子罕》第十一章“颜渊喟然叹曰：‘仰之弥高，钻之弥坚；瞻之在前，忽焉在后。夫子循循然善诱人，博我以文，约我以礼。欲罢不能，既竭吾才，如有所立卓尔。虽欲从之，末由也已。’”一文中施以横线之处，宫崎市定推测其为出自《诗经》的引用文：

> 此句中多用歌词的技巧，最初两句的第二字为“之”，最后两句的第三字为“在”，此种构造同样存在于《诗经·周颂》《诗经·良耜》等篇中，只是将“在”换为“如”罢了。兹对照二者：
>
> 《论语》：仰之弥高，钻之弥坚；瞻之在前，忽焉在后。
>
> 《诗经》：获之挃挃，积之栗栗。其崇如墉，其比如栉。
>
> 前者中“坚”和“前”押韵（先），后者中“栗”和“栉”押韵（质）。换而言之，颜渊所言即使放入《诗经》中充当歌词也未尝不可。这四句以后，出现代指孔子的夫子一词。如果前四句为颜渊之语，那么《论语》的编纂者绝不会将夫子一词置于颜渊所言之后，这只能说明颜渊所言绝非自创，而是引用经典之文。古来的训诂学家均将此四句视为颜渊之语，逐字解释，以至派生出道体的议论。朱子《集注》云：“此颜渊深知夫子之道，无穷尽、无方体，而叹

①（清）黄式三：《〈论语〉后案》，南京：凤凰出版社2008年版，第137页。

②［日］中村惕斋：《论语》，《汉籍国字解全书》，东京：早稻田大学出版社1909年版，第100页。

之也。”荻生徂徕批判朱注，认为古代并无道体的思想。大概徂徕也认为此四句本应为引用文。①

宫崎市定首先指出“仰之弥高，钻之弥坚；瞻之在前，忽焉在后。”四句有诗歌的韵律和修辞技巧，其构造与《诗经》相同，又从音韵学的角度说明此四句为典型的韵文。但是根据上述的理由尚不能断定到底是颜渊之语混入《诗经》，还是《诗经》之文混入《论语》。于是宫崎市定对这段文字展开文献内部批判，认为将“夫子”一词置于颜渊之言的后面违背常理，故而断言此四句为出自《诗经》的引用文。又说明历来学者大都将此四句视为颜渊之语加以解释，以至衍生出道体的议论。笔者以为，以孔子和颜渊的关系为依据判断此四句为引用文的做法虽然有待于检讨，但宫崎市定所主张的根据文章文体、韵律、语势及修辞技巧区别引用文的方法却颇为值得借鉴。

要而言之，以上宫崎市定的主张均与传统通说截然相反，虽然其中存有缺少确凿证据而略显牵强之处，但是由于宫崎市定的梳理，《论语》的意思更加合理，内容更加易懂，或可谓为宫崎市定考证《论语》的新方法。

四、“意译”的翻译方法

《〈论语〉之新研究》的最后一部分译解篇主要是《论语》的现代日本语译，也是宫崎市定的苦心之作。

“汉文训读（書き下し文）”乃日本汉学家解读汉籍的基本功夫，然此种训读文与现代日本人日常使用的日语相去甚远，未必为一般的日本人所理解，所以汉籍大多翻译成为现代日本语刊行，《论语》亦然。但是《论

①［日］宫崎市定：《〈论语〉之新研究》，东京：岩波书店 1974 年版，第 122–123 页。

语》的现代语译存在着译者愈想忠实保持原典的意义，译文却愈难理解的问题，譬如“汉文训读”虽是最能保持原典意义的翻译方式，现代人却未必能够理解。究竟如何既能够使译文保持原典的意义，又能通俗易懂？就此宫崎市定提出了“意译”的翻译方法：

> 吾人(宫崎市定)主张使用意译的方法翻译中国古典。所谓意译指译出原文之大义，译文与原文间虽存在或多或少的出入，但大体意思不变，且译文之言语现代人耳熟能详，简单易懂。为了避免译文与原文间的出入过大，吾人(宫崎市定)于现代语译旁并记传统训读，使读者可知原文语势，进而明确现代语译与原典之间的出入所在。①

表达古典之大体意思的翻译方法即为意译。既然是意译，与原典之间必有出入，故宫崎市定于翻译《论语》时，将日本传统的训读并记于现代语义之旁，以补意译之不足。

譬如，宫崎市定对《论语·学而》第五章的日译为：

> 《论语·学而》第五章：
>
> 子曰：“道千乘之国，敬事而信，节用而爱人，使民以时。”
>
> 汉文训读：
>
> 子曰く。千乘の国を道むるには、事をつつしみて信あり、用を節して人を愛し、民を使うに時を以てす。
>
> 现代语译：

①[日]宫崎市定：《〈论语〉之新研究》，东京：岩波书店1974年版，第155–156页。

孔子说："对于治理诸侯国来说：最为重要的是尽可能控制政府各方面的行事，恪守公约，节约经费，减少税收，并且于农忙时不征徭役。[①]（译文原为现代标准日语，笔者转译为现代汉语）

"千乘之国"原义为拥有战车千辆的国家，所谓"天子万乘，诸侯千乘"，故而将其译为"诸侯国"确实妥当。较之，"节用而爱人"的现代语义则与原义有所出入，所谓"节用"，字面上表节约用度之意，就国家统治者而言，"用"为征战、土木工程、祭祀等国家与君主之行事所需的诸多费用，故"节用"译为"节约经费"是比较恰当的。而以上诸费用无疑来源于税收，所以对于统治者而言，减少税收即为"爱人"之具体表现，将"爱人"译为"减少税收"亦为恰当。但是从文字的意义上来看，"节用而爱人"和"节约经费，减少税收"之间无疑出入较大，幸而有传统的训读文作为参考，使读者可依据训读文理解现代语义与原义的关系。所以，意译的方法绝非依照主观的猜测对原典进行解释，而是在彻底考证原典意义的基础之上，将原典的意义用现代人所能接受的言语表达，以达到简明易解的效果。众所周知，《论语》言简意赅，内容却极为丰富，故现代人除非有汉学修养，否则较难理解其意义。譬如上文所讲"千乘之国"的规模如何？"节用"的"用"究竟何所指？"爱人"的具体表现为何？均为现代人难以领悟。不少的经典注释者均用心于这些简练言语的解释，吉川幸次郎在解释此章时，将"节用而爱人"简单的直译为"节约用度（入用を節約して），热爱人民（人民を愛せよ）"[②]，如此翻译虽然没有错误，但不能表现出文中所隐含的深层含义。而宫崎市定彻底考察原文的意义，从中挖掘出原文所表达的具体事实，并以简单易懂的现代语加以解释，可见其非凡的学识和洞察力。

虽然如此，高度评价意译方法的同时，对其存在的危险性也要有所警惕。宫崎市定也认可意译与原文有所出入，故而主张参考训读文以洞悉原

①［日］宫崎市定：《〈论语〉之新研究》，东京：岩波书店 1974 年版，第 164 页。

②［日］吉川幸次郎：译注本《论语》，《吉川幸次郎全集》卷 4，东京：筑摩书房 1984 年版，第 24 页。

意与现代语译之间的关系,从而弥补不足。但是,无论译文与原文有何等出入,也应该与原义有所关联,否则即使对照训读文也无法洞悉其间的关联,最终陷入解释的错误。譬如,此章第二段“敬事而信”一文中的“敬事”的解释便缺乏说服力。段玉裁《〈说文解字〉注》云:“敬者,肃也。”又云:“肃者,持事振敬也。”[①]据此可知,“敬”的原义为小心谨慎,所以日文训读为“事をつつしみ(慎み)”是十分准确的,但将其译为“控制政府各方面的行事”则与“敬”的原义相差甚远,如此解释既已脱离原义,与其说与原义有所出入,不如说是错误的解释。故而为了避免译文脱离原义,必须一字一句地考察文本内容,以准确解释文字、正确解读原典作为研究的出发点。

①(清)段玉裁:《〈说文解字〉注》,上海:上海古籍出版社 2008 年版,第 333 页。

第三节　宫崎市定《〈论语〉之新研究》的评价

1939年问世的武内义雄《〈论语〉之研究》尝于学界掀起《论语》原典批判的风潮，其基于原典批判之上的思想史学的研究方法亦颇受好评，然关于《论语》源流和成立的结论却未为学界所完全接受①。据吉川幸次郎所说，宫崎市定对武内义雄批判得最为猛烈。②同时宫崎市定于《〈论语〉之新研究》中多次表露出对清朝考证学的不满，而武内义雄正是清朝考证学的忠实祖述者，故而笔者认为：宫崎市定所谓的"新研究"主要是相对武内义雄的《〈论语〉之研究》而言的，冲出传统考证学"家法"的牢笼，对《论语》展开自由的批判确为《〈论语〉之新研究》一书所谓"新"之所在。

原典批判的运用乃日本近代中国学的特色之一，以批判的态度解读古典是日本汉学家的常识，但批判的方法却仅限于比较文献，以文献的记载作为订正古典错误的依据。而宫崎市定却打破这种传统考证学的"家法"，摆脱传统注释的束缚，以东洋史学家的立场对古典进行文义的梳理，以"敢以意改"的精神订正其中的错误，从而使经典所表达的内容更加合

①[日]金谷治：《武内义雄》，江上波夫编著，《东洋学之系谱》，东京：大修馆书店1992年第2版，第254页。

②[日]吉川幸次郎：《武内义雄全集》卷1论语篇，解说，东京：角川书店1978年第2版，第597页。

情合理。宫崎市定于考证篇中指出并订正《论语》文本及注释中存在的若干谬误,其根据并非对照比较其他文献而得到的具有客观性的"物证",而是考察文本内容是否符合常理和客观事实而得到的具有一定主观性的"理证",可以说是向恪守"家法"的传统考证学的挑战,实为宫崎市定对古典文献批判所持的独特观点。

此外,通过检讨历史篇和译解篇的内容可知,宫崎市定所标榜的"新"还表现在以下两方面:

首先是东洋史学家独特的古典研究方法,即通过对某一事物历史的研究进而发掘、辨析与其关联的其他事物的历史。譬如历史篇中,通过爬梳《论语》研究史,从而辨析中国经学史和孔子于中国历史上地位的变迁史。虽然以《论语》作为研究孔子的史料乃学界的共同认识,但将《论语》作为研究中国经学史和孔子地位变迁史之史料的方法极具新意,值得借鉴。

其次为"意译"的翻译方法,所谓"意译"绝非依照主观猜测对原典进行解释,而是在彻底考证原典的基础之上,将原典的意义用现代人所能接受的言语表达出来。这种方法虽然容易导致解释错误,但只要以正确解释原典为出发点进行研究,便可避免错误的发生,故而意译的翻译方法亦堪当参考。

宫崎市定对《论语》的研究之所以能够呈现出以上两处新意,主要根源于东洋史学家的研究立场。对历史学家而言,文献皆是史料,世人尊奉的经典《论语》亦不例外。宫崎市定以为,《论语》既非儒家经典,亦非日本传统汉学教义,而是研究中国历史的史料之一,故而能够摆脱传统考证学"家法"和古注疏的束缚,对《论语》展开自由的批判,并以其作为辨析中国经学史和研究孔子的原始文献资料。宫崎市定之所以充满对传统考证学和注疏学的反感与恩师桑原隲藏的影响不无关系,但是基于对传统学术的反思而树立自身独特的研究方法,确实根源于自身历史学家的立场。宫崎市定曾于《自跋集》中批评津田左右吉的《论语》研究(《〈论语〉及孔子思想》)缺乏针对文本的分析，对《论语》的解释与朱子《集注》完全相同，无任何新意可言，又指出武内义雄的《论语》研究虽然注重原典批判，但对文本的分析仅限于篇章的考证，最后言明自身深受幕末明治时代汉学家根本通明《〈论语〉讲义》的启发，主张以怀疑、批判的态度审视历来的注释，寻求新的解释方法。①

《〈论语〉之新研究》自问世以来便受到了极高的评价，砺波护曾称其为“史学家解读的《论语》”②；刘萍称其为“带有批判精神的历史性研究”③；李庆则盛赞《〈论语〉之新研究》为“宫崎市定晚年的巨著，乃其一生儒家思想研究之大成”④。总而言之，宫崎市定以东洋史学家的立场对古典展开自由批判的研究方法是《〈论语〉之新研究》一书最值得评价的所在。

①[日]宫崎市定:《论语》,《自跋集》东京:岩波书店 1996 年版,第 69–71 页。
②[日]砺波护、间野英二:《东洋史学 宫崎市定》,[日]砺波护、藤井让治编,《京大东洋学之百年》,京都:京都大学学术出版社 2002 年版,第 237 页。
③刘萍:《津田左右吉研究》,北京:中华书局 2004 年版,第 263 页。
④李庆:《日本汉学史》第三部 转折和发展,上海:上海人民出版社 2010 年版,第 117 页。

小　结

经过解析《〈论语〉之新研究》中“历史篇”“考证篇”以及“译解篇”三大部分，可以归纳东洋史学家宫崎市定“论语学”的特色为以下三点：

1.《论语》的历史性研究

历史篇中宫崎市定批驳武内义雄关于《论语》成书的新说，通过重新批判《论衡·正说篇·说〈论语〉章》，主张应当遵从《汉书·艺文志》中关于《论语》成书的记载。不仅如此，宫崎市定还通过对《论语》传承史、授受史、注疏史、研究史的考察，一方面辨析中国经学史，另一方面究明孔子于中国历史上地位的变迁。其中显现出一个独特的史学研究方法，即通过对某一事物历史的研究从而发掘、辨析与其关联的其他事物的历史。于当时的学界，宫崎市定的这种研究方法可以说是极具新意，是《〈论语〉之新研究》一书所谓“新”之所在。

2.《论语》的批判性解读

考证篇中宫崎市定基于对传统考证学、注疏学的反省，一方面认可具有科学性、实证性的外部批判方法的同时，另一方面则主张打破传统考证学的“家法”，冲出注疏学的束缚，以历史学家的研究立场，针对文献进行内部批判，最大限度地“自由”解读《论语》，即宫崎市定所谓“完全自由”之立场、“敢以意改”之精神。就《论语》经本及其解释，宫崎市定指出若干问题，虽说其中不少观点由于缺乏确凿证据而略显勉强，但在新解释之下，《论语》经本所表达的思想内容更加合理，且更加简明易懂。另外，无论是文献批判的态度，或是经典解释的方法，皆根源于东洋史学家的研究立场。批判性的解读《论语》也可以说是《〈论语〉之新研究》所谓“新”之所在。

3.“意译”的翻译方法

译解篇中宫崎市定提出“意译”——传达古典原文大意的翻译方法，并以此种方法将《论语》的篇章字句翻译为方便普通日本人理解的现代标准日语。诚然，意译的方法存在一定程度的危险性，可能脱离原义，甚至造成错译。但只要基于原典字句，就可以避免错译发生。较日本汉学传统的汉文训读而言，“意译”的方法确实极具新意，可谓宫崎市定于古典今译方面所持的新观点。

终章 日本近代《论语》学与日本近代中国学的特质

以上各章分别就狩野直喜、武内义雄、吉川幸次郎、贝塚茂树以及宫崎市定的《论语》研究著作展开探讨，究明各自《论语》学的特色所在。本章则旨于贯通自狩野直喜至宫崎市定的学术脉络，构筑日本近代《论语》学的学问系谱，说明日本近代《论语》学的学术史意义，并从《论语》学的侧面，评析日本近代中国学之特色所在。

第一节　日本近代《论语》学系谱

回顾日本近代《论语》学代表性著作则不难发现，狩野直喜的《〈论语〉研究》大体继承江户古学派《论语》注疏学的衣钵，可视为日本近代《论语》学的起点，之后经门下高弟之手，向思想史学、文学、史学三个方向拓展、延续，诸多观点之间既存在对立之处，也存在互补之处，学术脉络错综复杂。本节主要从学问嬗变的角度和学术史的观点分析日本近代《论语》学的展开经纬，明确学问系谱，构筑日本近代《论语》学史。①

首先，日本近代《论语》学的发展大抵为基于继承传统学术成果之上的反省、展开以及创见，即展现出日本近代汉学学术进步的历程。所谓传统学术主要指以伊物二子为首的江户古学派以及清儒的学问，批判朱学、重视考证以及采用注疏学的研究方法乃日儒、清儒共通的学问风格和方法。日本进入近代后，狩野直喜谋求传统汉学的革新，于京都大学讲授《论语》之学，继承古学派和清儒的遗志，高举朱子学批判的旗帜，且将实证主义色彩鲜明的考证学方法传承给武内义雄、吉川幸次郎等后学。不仅如此，讲义《〈论语〉研究》虽然大体继承日清硕儒之衣钵，但并未采用传统注

①参考本书附录：日本近代《论语》学系谱图。

疏学的方法，于重视经本字句解释之同时，基于“环境条件”的考量，结合孔子的生涯事迹，再次检讨《论语》中的记事，从而弥补迩来研究之不足之处。所谓“环境条件”研究是立足于历史研究的视点而展开，其源头可上溯至江户儒者龟井南冥的《〈论语〉语由》和安井息轩的《〈论语〉集说》。南冥分析《论语》中对话发生的时间、地点、人物等历史诸相，把握时代背景特色，进而究明“语由”，其中蕴含着“环境条件”研究的萌芽。而息轩注释《论语》也同样注重分析历史背景。故而，“环境条件”研究虽然是狩野直喜《论语》学的特色之一，但亦不可忽视江户古学派的影响。

其次，武内义雄作为狩野直喜的嫡传弟子之一，也是清朝考证学的忠实祖述者，在传统考证学的法则之下展开对《论语》的攻究。武内义雄基于伊藤仁斋和清儒崔述《论语》原典批判的成果，以精密的文献学操作对《论语》文本的篇章字句加以批判，从而究明《论语》经本的系统和源流，再以此为出发点，辨析先秦儒学思想的展开经纬。换言之，武内义雄在继承传统文献考证学和原典批判学的基础之上，将《论语》研究推向思想史学方向，这正是基于继承传统学术之上的延伸与创见。

与武内义雄同为狩野直喜嫡传弟子的吉川幸次郎作为文学研究者，坚持狩野直喜的主张，认为文学史研究和哲学史研究密不可分，主张《论语》虽归于伦理思想领域，但同时也应该作为文学作品加以考察。以文学研究者的审美眼光剖析《论语》文章的文学性、韵律性和美学价值，是吉川幸次郎首创的研究角度和研究立场。换言之，和武内义雄不同，吉川幸次郎对《论语》展开文学性的研究，这正是吉川幸次郎于《论语》学领域中的创见。另外，吉川幸次郎在狩野直喜影响下，同样奉行考证学的方法和实证主义的精神，就《论语》题名的考证是为其典型代表。

之后的贝塚茂树作为中国古代史学者，以“新释古”的立场对《论语》展开历史性的考察。对于“知”的释义以及溯源孔子思想源头等诸多论说皆为基于分析春秋时代史实之上的史家特有的观点。就学问风格而言，虽然贝塚茂树以“史眼”审视中国古典，但也十分肯定考证学的研究方法，认可考证学乃日本近代中国学的学问根底。正因为如此,贝塚茂树尝盛赞武内义雄对《论语》的文本批判,但另一方面又认为武内义雄的《论语》学“疑古”倾向过强,导致《论语》的成立史分崩离析,古典的殿堂土崩瓦解。鉴于此点,贝塚茂树以“新释古”的立场,应用甲骨金铭研究成果,究明“季氏”“阳货”灯篇的成立经纬,从而再度构建《论语》的成历史,这正是贝塚茂树基于“武内说”之上的拓展和创新。

最后的宫崎市定虽属于京都中国学派,学问风格和治学方法亦形成于日本近代中国学的学术土壤,但《〈论语〉之新研究》中却表露出对传统考证学的反省、不满甚至挑战的态度。宫崎市定所谓“新”者殆以史家的立场反省传统考证学、注疏学优劣得失的基础之上得出的创见。换言之,自京都中国学派内部开始进行自我反省、自我批判,宫崎市定的《〈论语〉之新研究》为日本近代《论语》学画上了句号。不容忽视的是,正是因为有对传统学术的继承、反省、展开、创新,学术才能一直进步至今。于当今日本汉学界,近代《论语》学的影响依然清晰可见。

第二节　日本近代《论语》学的影响

为强调日本近代《论语》学的学术价值与时代意义，本节以后世《论语》论考为例，较之以日本近代《论语》学代表性著作，究明狩野直喜、武内义雄、吉川幸次郎、贝塚茂树以及宫崎市定对后学的影响。

一、金谷治《〈论语〉的世界》：日本近代《论语》学之集约

提及后世日本《论语》学论考，金谷治（1920—2006）、町田三郎（1932—2018）、泽田多喜男（1932—）、下定雅弘（1947—）以及桥本秀美（1966—）的著作堪称代表。其中，完全继承日本近代《论语》学之精粹者当首推金谷治的《〈论语〉的世界》。

金谷治乃武内义雄嫡传弟子，所著《〈论语〉的世界》不仅限于解说《论语》的思想，亦言及《论语》的成书、文本批判、体裁文体以及孔子的生涯事迹等，且大都基于继承日本近代《论语》学之上有所展开，故而谓之日本近代《论语》学之集约。譬如，就《论语》的文本批判和成书经纬，金谷治首先概述武内义雄与津田左右吉之说，继而指出津田左右吉的研究态度主观

性过强，缺乏客观的实证主义精神，故采武内义雄之说。[1]关于《论语》的文体则引用吉川幸次郎的学说，指出“口语记录”乃《论语》于文体方面的特色所在，亦为《论语》颇为有趣之处。[2]不仅如此，金谷治还分析自先秦至新中国时代思想方面的著作，指出“语录体”是中国的传统，《论语》即为最早的“口语记录”。[3]这是金谷治继承吉川幸次郎学说基础之上的创见。另外，吉川幸次郎尝以文学研究者的视点，从“杜诗”和俗文学的角度，侧面说明《论语》于民间的普及。金谷治则在其启迪之下，改变研究角度，以南宋洪迈的《夷坚志》为依据，说明《论语》如何浸透于民间，继而言及《论语》在安南、朝鲜、日本以及欧洲的传播和普及，明确《论语》于世界文化史上的意义，为后学提示新的研究方向。[4]虽说金谷治对史学领域的研究鲜有涉及，可《〈论语〉的世界》中却援用不少贝塚茂树的观点和方法。譬如，关于孔子“德治思想”的内涵，金谷治效仿贝塚茂树比较孔子的“德治”与子产的“法治”，指出虽然“德治思想”看似具有一定的保守性和复古性，但孔子的政治思想乃注重个人道德修为，认为自天子至万民每个人的道德觉醒是维持和平稳定的保障和前提，故而不但没有任何保守性与复古性，而且堪称是领先于时代的进步思潮。[5]特别是关于孔门教学特色的论说，更是明言祖述贝塚茂树的观点，主张孔门教育的形式来源于地域社会“乡党”的“乡饮酒”和“乡射”。[6]金谷治曾经撰文《贝塚先生和新释古》，盛赞“新释古”的研究方法，且指出贝塚茂树论文《〈论语〉的成立》乃“新释古”的研究成果[7]，故而，援用先学之说亦为理所当然。

---

①[日]金谷治：《〈论语〉的世界》，东京：日本放送出版协会 1970 年版，第 30 页。
②[日]金谷治：《〈论语〉的世界》，东京：日本放送出版协会 1970 年版，第 33–34 页。
③[日]金谷治：《〈论语〉的世界》，东京：日本放送出版协会 1970 年版，第 43–46 页。
④[日]金谷治：《〈论语〉的世界》，东京：日本放送出版协会 1970 年版，第 61–62 页。
⑤[日]金谷治：《〈论语〉的世界》，东京：日本放送出版协会 1970 年版，第 169–172 页。
⑥[日]金谷治：《〈论语〉的世界》，东京：日本放送出版协会 1970 年版，第 48–54 页。
⑦[日]金谷治：《贝塚先生和新释古》，《金谷治中国思想论集》下卷，东京：平河出版社 1997 年版，第 449–453 页。

二、泽田多喜男《〈论语〉考索》:对武内义雄学说的继承和反省

町田三郎与泽田多喜男同为金谷治弟子，皆十分尊重日本近代《论语》学著作,特别是对于武内义雄的《论语》原典批判更加推崇备至。

如前文所述,町田三郎于论文《如何解读〈论语〉》中强烈主张关于《论语》的成书问题应该遵从武内义雄的观点,否则在解读过程中可能陷入时代错误。[①]泽田多喜男则撰文《〈论语〉考索》,高度评价武内义雄文本批判的成果,并指出其中的问题所在:武内义雄的《论语》研究以“篇”为单位和基准推测《论语》的原型,考虑《论语》的成书过程,但文本中“子曰……”部分才是孔子所发言语,武内义雄却忽略了考证这些部分中的疑点。[②]不仅如此,还针对问题点提出了解决方法,即打破篇章的限制,详细考证每章的内容,但还须避免津田左右吉过于主观的研究态度,否则研究结论会过于偏激。[③]泽田多喜男尝谓京都中国学“治学力辟空理空论之风,凡研究皆以文献实证为基础,堪称日本汉学研究之最高水准”。[④]故而,京都中国学派的《论语》研究可谓日本近代《论语》学的典型。

三、下定雅弘《〈论语〉的文学性》:继承吉川幸次郎的学说

毕业于京都大学的中国古典文学研究者下定雅弘撰写论文《〈论语〉的文学性》,大体踏袭吉川幸次郎关于《论语》文章“节奏”的学说,就《论语》文体及其文章的表达方式,下定雅弘说:

①[日]町田三郎:《如何解读〈论语〉》,《江河万里流——孔子复苏与龟阳文库》,福冈:龟阳文库编辑,能古博物馆发行,1994年版,第62页。

②[日]泽田多喜男:《〈论语〉考索》,东京:知泉书馆2009年版,第3-4页。

③[日]泽田多喜男:《〈论语〉考索》,东京:知泉书馆2009年版,第4页。

④李庆:《日本汉学史》,第五部 变迁和展望,上海:上海人民出版社2010年版,第193页。

> 《论语》的对话一般按照一定的基调展开，时而停顿，时而流畅，是一种迂回曲折的口语会话形式，且其迂回曲折之处未必以助词或反复的形式表现，而是组合不同字数的语句，使文章具有一定的“节奏”。换言之，是以口语体、散文的形式表现迂回曲折的特性。①

正如下定雅弘所言，散文的文体、口语的形式、以“节奏”的变化迂回曲折地表达文章意味是《论语》文章的特质，与吉川幸次郎观点完全一致。

另外，下定雅弘就《论语·雍也》“哀公问”章②的解说，也基本援用吉川幸次郎之说。这段文章的婉转曲折地表达出哀公的问题，使孔子想起弟子颜回，不禁涌起怀念之情，进而想到最爱的弟子已逝，伤痛不已，故强忍哀惜之念，回答哀公的问题。下定雅弘指出，正是文章分句长短不一的“节奏”，才能形成如此婉转曲折的表达方式。③换言之，“节奏”是《论语》文章的特色，这与吉川幸次郎的主张和方法完全一致，故而可见吉川幸次郎的《论语》学对下定雅弘的深刻影响。

四、桥本秀美《〈论语〉心之镜》：反思日本近代《论语》学

宫崎市定的《〈论语〉之新研究》1974 年才问世，故而为后世学所援用、征引之处不多。2009 年，时任东京大学副教授的桥本秀美撰著《〈论语〉心之镜》，书中一方面严厉批判宫崎市定对《论语》的“新解释”“满纸荒唐，没

---

①[日]下定雅弘：《〈论语〉的文章》，[日]加地伸行编，《〈论语〉的世界》，东京：中共文库 1992 年版，第 82 页。

②哀公问：“弟子孰为好学？”孔子对曰：“有颜回者好学，不迁怒，不贰过。不幸短命死矣！今也则亡，未闻好学者也。”

③[日]下定雅弘：《〈论语〉的文章》，[日]加地伸行编，《〈论语〉的世界》，东京：中共文库 1992 年版，第 84–85 页。

有任何参考价值”，另一方面则盛赞《〈论语〉文新研究》历史篇部分的研究方法和观点。[①]《〈论语〉心之镜》第一部分书籍的旅程爬梳《论语》的研究史，厘清自汉代至清代中国经学史的发展经纬。无论是方法、形式，或是内容，都与宫崎市定《〈论语〉之新研究》历史篇部分同出一辙。由此可见《〈论语〉之新研究》中所蕴含史家的古典研究法给予后学深刻的影响和启示。

虽然如此，桥本秀美依然指出日本近代《论语》研究的最大问题在于过度强调《论语》的史料价值。[②]以郑玄和朱熹为代表的古代经学家通过注释《论语》追求《论语》的思想和圣人的意图，以狩野直喜为代表的近代汉学家通过研究《论语》究明历史实相，在桥本秀美看来，两者之间并无优劣之分，而就疏解《论语》经义的理论体系性而言，古代经学家远远凌驾于近代学者之上，况且近代汉学家极力追近的所谓历史实相是否真实，尚待商榷。故而桥本秀美主张应该尊重古代注释家的研究态度和业绩，致力于阐释《论语》的经义。换而言之，桥本秀美在充分反思日本近代汉学之优劣得失的基础之上，主张汉学研究要向传统注疏学复归。

笔者认为，无论是排击古代经学者的经典注释，轻视经义方面的研究，一味追求历史实相，或是轻视经典的历史性研究，一味专念于经义阐释，都不可谓科学、合理的古典研究态度。那么究竟应该如何展开古典研究？笔者认为金谷治就《论语》研究所持的方法和态度最为妥当、合理。金谷治尝谓：“解释《论语》应自形式、成书以及传承等外在问题入手，再分析孔子及其门下弟子的具体情况，最后才可触及文本思想内容，且以概念的形式说明主要经义最为便捷。”[③]

要而言之，后世汉学家不但大体继承日本近代汉学家《论语》研究的

---

①[日]桥本秀美：《〈论语〉心之镜》，东京：岩波书店2009年版，第211页。

②[日]桥本秀美：《〈论语〉心之镜》，东京：岩波书店2009年版，第108–109页。

③[日]金谷治：《〈论语〉的世界》，东京：日本放送出版协会1970年版，第8页。

精粹,在此基础之上还有所发展,甚至基于对传统学术的反省与批判,衍生出一系列全新的研究方法,创造出更加卓越的业绩。此即为学术进步之所以,也是日本近代《论语》学最大的现代意义。

第三节　余论：日本近代中国学之特质——以日本近代《论语》学为中心

以《论语》为中心的“四书”之学乃日本近世以后汉学传统学术，特别是江户幕府“宽政异学之禁”后，以“四书”之学为代表的朱子学成为官学，指定朱熹《四书集注》为标准教科书，备受政府尊崇，林罗山官拜“大学头”，林家世代传程朱理学。其中，《〈论语〉集注》可谓最为重要，最具价值。直至18世纪初，乃有反朱子学一派勃兴，即所谓“古学派”。古学派儒者基于对程朱理学的反省与批判，主张回归孔孟之原始精神，“古义学”的伊藤仁斋与“古文辞学”的荻生徂徕是为代表儒者，且两者学问皆以《论语》为中心展开，各自思想亦大都集约于《论语》注释之中。不仅如此，古学派的《论语》论著还对后世日本近代中国学的形成与发展产生深刻的影响。狩野直喜致力于改革传统汉学，继承且发展江户以来的学术传统，重视《论语》研究且教授引导后学，为日本汉学界贡献诸多卓越的研究业绩。故而，《论语》之学是江户至近代，乃至现代日本汉学界的传统学术，自《论语》研究这一侧面，可观日本近代中国学的特色以及传统汉学至近代中国学学问宗尚变迁之轨迹经纬，此即为本节之主旨所在。

一、古典研究的近代化：自汉学至中国学

明治维新以后，西学席卷日本学界，各领域学术开始发生本质性的近代化变革，传统汉学亦不例外。由于研究方法和研究立场的固定化和局限性，革新传统汉学并非易事。无论是汉唐注疏学、宋明性理学、清朝考证学或江户古学，皆采用唯一的研究方法——注释展开经典研究，且以注文、疏文、按语等形式表达、彰显自家的思想和学说。同时，历来儒者大都视经典为神圣，视孔子为圣人，视孔门思想为圣人之教谕，故殆以护教主义立场展开古典研究。所以，要革新传统汉学，创立近代化的中国学研究，首先必须改变长期以来的研究方法和立场。成立于明治末年的京都大学文科大学即为改革创新的学术阵地。

当时的京都大学文科大学区分涵盖文、史、哲三方面内容的传统汉学，下设中国文学、中国哲学以及东洋史学三个专业，这是迈出由传统汉学至近代中国学转变过程中的最重要、最坚实的一步。在京大文科大学，研究手段再不仅限于注疏学的方法，学者可以从文学、史学、哲学等诸多视角和立场展开经典研究，且摆脱历来儒者的护教主义立场，以公平公正的态度，视儒家经典为代表的中国古典为一种纯粹的人文科学。这些都是日本近代中国学的重要内容和特色，而日本近代《论语》学史也充分表现和印证了这些内容和特色。

狩野直喜讲义《〈论语〉研究》大体继承江户古学和清儒的学问方法，但其特有的研究方法和立场亦与历来儒者颇为不同。譬如，无论汉唐注疏学、宋明性理学、清朝考证学，或是林家朱学、江户古学殆致力于《论语》文本字句的解释和经义的疏通。而狩野直喜则由《论语》作为经书的历史价值、经本的传承和授受以及孔子的生涯事迹等外在情况入手展开考察，再训诂字义，解释篇章，最后辨明义理。毋庸置疑，狩野直喜的研究方法比传统儒者的注释更加科学、更加严密、更加合理。在狩野直喜看来，《论语》并

非儒家圣书，仅仅是中国古典文献之一；孔子亦非圣人，不过是春秋时代的思想家、教育家而已，这是一种全新的治学态度。换言之，狩野直喜既已摆脱传统的护教主义立场，以客观、科学的近代人文主义立场实证性的解明《论语》成书、传承以及思想等问题。所以，狩野直喜堪称日本近代《论语》学之第一人者。

诚然，当时正值日本近代中国学的草创期，与江户时代相比，学问研究既已开始发生专业化的转变，但并不完全。所以，讲义《〈论语〉研究》中并未明言究竟以何种学术专业的立场展开研究。古典研究的近代化、专业化的倾向在狩野直喜弟子的研究成果中更加凸显。

譬如，武内义雄的《〈论语〉之研究》乃基于哲学思想研究之上的思想史学著作；吉川幸次郎以文学研究者的视点捕捉《论语》的文学性；贝塚茂树以古代史学家的立场，吟味春秋时代的历史诸相，综合折中考古学和文献学的方法和成果，以“新释古”的方法，再度构建《论语》的成书史；宫崎市定则以史家特有“史眼”审视《论语》，将《论语》置于中国经学史之上，加以考察，这些都是各专业研究领域中独具特色的《论语》学论考。所以，通过日本近代《论语》学史可以发现日本传统汉学至日本近代中国学的学问嬗变的本质内容和显著特色。

二、“舌人意识”：日本近代中国学的学问意识

前文既已言及，所谓“舌人”原本出自清儒王引之，乃古代语翻译者之意，将古代语的意义如实的传承于现代的学问意识即为“舌人意识”。笔者尝以“舌人意识”概括武内义雄的学问性格，本论中又称狩野直喜为“舌人意识的先觉者”。但仔细玩味日本近代《论语》学史上的诸多论著则可以发现，“舌人意识”绝非狩野直喜、武内义雄独有，而是日本近代中国学的共通学问意识。笔者认为，将“舌人意识”单纯理解为忠实传承古代语的意义，难免有偏狭之感，对于古典研究而言，合理解释古典的成书、传承、受

注、授受等外在诸多问题，以及科学且合理地说明古典内容中的矛盾之处也十分重要，也是“舌人意识”中的重要一环。

譬如，经过原典批判，《论语》的成书史既已成为一片废墟，而贝塚茂树则合理地复原《论语》的成书史，重建古典的殿堂；宫崎市定本着“敢以意改”之精神，合理解释《论语》文本中存在的矛盾。可以说，合理主义的“舌人意识”贯通于两位硕学的学问根底，乃日本近代中国学共通的学问意识。

三、重视文献考证：日本近代中国学的基础

明治末年，京都大学文科大学正值草创时期，于狩野直喜和内藤湖南两位教授的主导之下，高举清朝考证学的旗帜，并批判性的继承欧洲汉学的方法和成果，从而渐次形成日本近代中国学。无论狩野直喜或内藤湖南，皆相当尊崇清儒考证实事求是的学风和治学方法，狩野直喜尝谓门下弟子自身学问乃考证之学。不仅如此，考证学的方法亦为狩野直喜、内藤湖南的后学所继承，成为日本近代中国学一脉相承的、共通的学问。

非常明显，狩野直喜的讲义《〈论语〉研究》中屡屡援用考证学的方法，引用清儒的学说。譬如，为明确“仁”和“孝悌”的本末关系，狩野直喜比对异本异文，找出其间相违之处，进而批判传统的解释，这完全是清儒考证的方法；又如，就“文章”“性”“天道”的解释，也是基于清儒学说之上的拓展。由此可见狩野直喜对考证学的尊崇态度。

武内义雄是狩野直喜的嫡传弟子，也是清朝考证学派学问的忠实祖述者，《〈论语〉之研究》中包含不少严密、精确的文献考证作业：为辨明《张侯论》《〈论语〉包氏章句》《〈论语〉周氏章句》之间的关系，精密考证汉《熹平石经》残碑，复原既已散逸的《〈论语〉郑氏注》的校语；以目录学为方法，确定传承于日本的《论语》异本；考究《汉书·艺文志》所载《齐论》《鲁论》《古论》之间的关系和成书经纬；批判《论衡·正说篇·说〈论语〉章》，证明《河间七篇本》《齐论语七篇》以及《齐鲁两篇本》是为《论语》最古老的版

本；批判《论语》经本的篇章字句，探究《论语》最原始之貌相。虽然原典批判学渊源于西欧古典文献学，但武内义雄的原典批判却严格遵循考证学的法则，这充分显示了武内义雄尊崇考证学的为学态度。

吉川幸次郎也是狩野直喜的嫡传弟子之一，同样非常重视古典文献考证，其关于《论语》的诸多著作皆以文献考证为基础展开。譬如，就《论语》题名的考证充分运用了清儒的学问方法，严格遵循考证学的法则；又如，关于孔子家庭长幼排序的考证，虽然不是复杂的文献学操作，却为后学展示最简单易懂的考证学方法。不仅如此，吉川幸次郎还主张"诚实地理解中国"，消除现代日本人对《论语》思想的误解，力说其积极意义，一雪《论语》的"冤罪"，这些论说皆以文献考证为基本出发点。故而可以说，支撑吉川幸次郎学问根底的依然是考证学的精神。

贝塚茂树不仅重视文献考证，同时作为史学家的特权，还非常重视对出土文物的考证，结合甲骨金铭文和文献的研究，树立"新释古"的研究方法，论文《〈论语〉的成立》即为"新释古"的典型研究成果。和贝塚茂树同为史家的宫崎市定则对传统的文献考证学略有微言，质疑传统考证学的"家法"和"铁则"——"无证不可采信"的科学性和合理性，主张清儒考证仅于"文献外部"——客观存在的文献记录之中获取用于考证的证据，欠缺针对"文献内部"——文献记录的合理性地深刻探讨。由此可见，宫崎市定绝非全面否定传统文献考证，而是基于对传统学术的反省与批判，提出新的考证方法，以弥补传统文献学的不足。虽说《〈论语〉之新研究》中屡次出现批判传统考证学的言语，但宫崎市定自诩之"纸上考古学"亦成立于文献考证的基础之上。

爬梳日本近代《论语》学史，会发现文献考证是日本近代中国学的基础学问，是以狩野直喜为首的诸位硕学最为重视的研究方法，只是各自考证的重点有所不同而已：狩野直喜重视基于字义训诂考证哲学义理，吉川幸次郎将考证的重点置于字义和人物，武内义雄致力于古典源流和系统的考证，贝塚茂树注重甲骨金铭等古文字的考证，宫崎市定则反省传统考证学之优劣得失，旨于创立新的考证方法和精神。是故，文献考证学可谓日本近代中国学之基础学问。

四、原典批判：批判主义的学问观

原典批判（又名文本批评）指订正传统通说之谬误，批判性分析古典的学问，成立于西欧古典研究。京都大学文科大学教授狩野直喜和内藤湖南，一方面提倡清朝考证学实事求是的治学方法；另一方面则援用西欧近代原典批判学的方法，弥补清儒于古典研究，特别是儒学经典研究方面的缺失，从而次第形成日本近代中国学。

事实上，无论江户古学或清朝考证学，皆尝试以怀疑、批判的态度分析经典文本，但无奈传统儒者的为学立场与考证学"家法"所限，未能充分运用原典批判的方法。譬如，崔述的《〈论语〉余说》与伊藤仁斋《〈论语〉古义》总论可谓各持中日两国原典批判之先鞭，但就方法而言，却局限于比较、吟味文章和言语的狭小范畴之内，批判的范围也局限于篇章，因而难以解决文本中的矛盾之处。较而言之，近代以后的日本汉学家则将原典批判的方法发挥、运用到极致，渐次形成日本近代中国学特有的批判主义学问观。这一点日本近代《论语》学史也有所反映。

狩野直喜的讲义《〈论语〉研究》中虽未曾明确言及有关原典批判的学问，但于第二节"《论语》的授受和注释书"中却详细论述仁斋的"上、下《论》"之说和崔述针对《论语》篇章的批判。由此可见，狩野直喜通过授课讲义的形式将中日两国儒者原典批判的方法和成果传承给后学，启发后学创造出更加辉煌的业绩。

武内义雄《〈论语〉之研究》最主要的内容即为《论语》批判，虽然很大程度基于仁斋和崔述的研究成果，但批判的方法却不仅限于比对、吟味文章和字句，还援用目录学考究《论语》的来历，追求《论语》最为原始的形式。所谓《河间七篇本》《齐论语七篇》以及《齐鲁两篇本》即为批判《论语》

的结论。此结论虽然未能赢得学界的一致认可，但事实上《〈论语〉之研究》却掀起日本汉学界原典批判的学问风潮。

武内义雄批判《论语》未能解决两大问题。第一，《〈论语〉之研究》颇具“疑古”之风，经过文献批判，《论语》的成书历史分崩离析。虽然究明了《论语》最原始的貌相，但“季氏”“阳货”诸篇却被排除在外，且并未言及“季氏”“阳货”诸篇如何成立。换言之，武内义雄的原典批判并未完全复原古典的成书史。第二，武内义雄是清朝考证学的忠实祖述者，故而针对古典的批判作业严格遵循考证学的“家法”，仅就《论语》的篇章字句加以检讨，未触及文本中的矛盾之处。以上两大问题之后分别被贝塚茂树和宫崎市定解决。

关于《论语》的成书经纬，贝塚茂树大体肯定武内义雄的观点，且把自身的研究重点置于考证“季氏”“阳货”诸篇的成立究竟，以“新释古”的方法和态度，将“季氏”“阳货”诸篇合理的纳入《论语》成立过程之中，从而重新构筑《论语》的成书史，完全复原古典的殿堂。这正是贝塚茂树基于“武内说”之上的创见。

另外，宫崎市定则鉴于武内义雄恪守考证学“家法”的弊端，摒弃所谓“无证不可采信”的“铁则”，以“完全自由的立场”以及“敢以意改”之精神，不仅寻求文献记载方面的“物证”，还积极自文献内部探求合情合理的“理证”，大胆订正《论语》经本文字，尽可能合理的疏通文本中的矛盾之处。这是宫崎市定基于反省“武内学”之上的拓展与创新。

要之，以怀疑的眼光审视古典，以批判的态度展开古典文献研究乃日本近代中国学的一贯传统，日本近代《论语》学史展示出日本近代中国学批判主义学问观的形成经纬。

五、独创性：基于传统学术的拓展和创见

日本近代《论语》学史上的一系列代表学者及其代表性著作皆具有很大

程度的独创性，堪称卓越的论考。而整理这些著作则不难发现，这些卓越的创见大都为基于继承、反省传统学术之上的延伸和拓展。

狩野直喜的讲义《〈论语〉研究》基于江户古学和清儒的学说拓展、演绎出更加科学、合理的研究方法和论断。譬如，狩野直喜释义“文章”，虽然大体踏袭清儒和江户古学的注疏，但既已脱离传统儒者的护教主义立场，而且对引证之诸说亦有明确论断。不仅如此，所谓“环境条件”研究也是历来儒者忽略之处，实乃狩野直喜自身的创见。武内义雄专注于《论语》的原典批判，在继承仁斋和崔述研究成果之上，援用目录学的方法，确定《论语》的源流与系统，当时学界极具创见。另外，武内义雄对《论语》的研究并非仅限于原典批判，而是基于原典批判的结论，进而辨析先秦儒学的发展轨迹，这完全是思想史学的研究方法，是武内义雄独创的学问方法论。吉川幸次郎以文学者独特的审美眼光捕捉《论语》文章的文学性和唯美性，关于《论语》文章“节奏”的论说堪称精彩绝伦、独一无二。贝塚茂树以“新释古”的态度和方法，结合出土文物和甲骨金铭文的研究，重建《论语》的成书历史，解决武内义雄未能解决的问题，弥补《论语》原典批判方面的不足之处。不仅如此，关于“知”的释义也填补了历来《论语》学史上的空白。最后问世的宫崎市定《〈论语〉之新研究》恰如书名所示，无论文本批判、字义训诂，或是经义疏通、文本翻译，让人耳目一新者随处可见，而且这些全新的观点大都是基于反省和批判传统考证学与注疏学之上的拓展和创新。另外，通过《论语》注疏史辨析中国经学史以及孔子地位变迁史的方法也是史家独特的古典研究法，堪称创见。

综上所述，日本近代《论语》学的独创性在于基于继承、反省传统学术，进而开拓新的研究领域，标榜新的研究立场，以及提倡新的研究方法。

附　录

日本近代《论语》学系谱

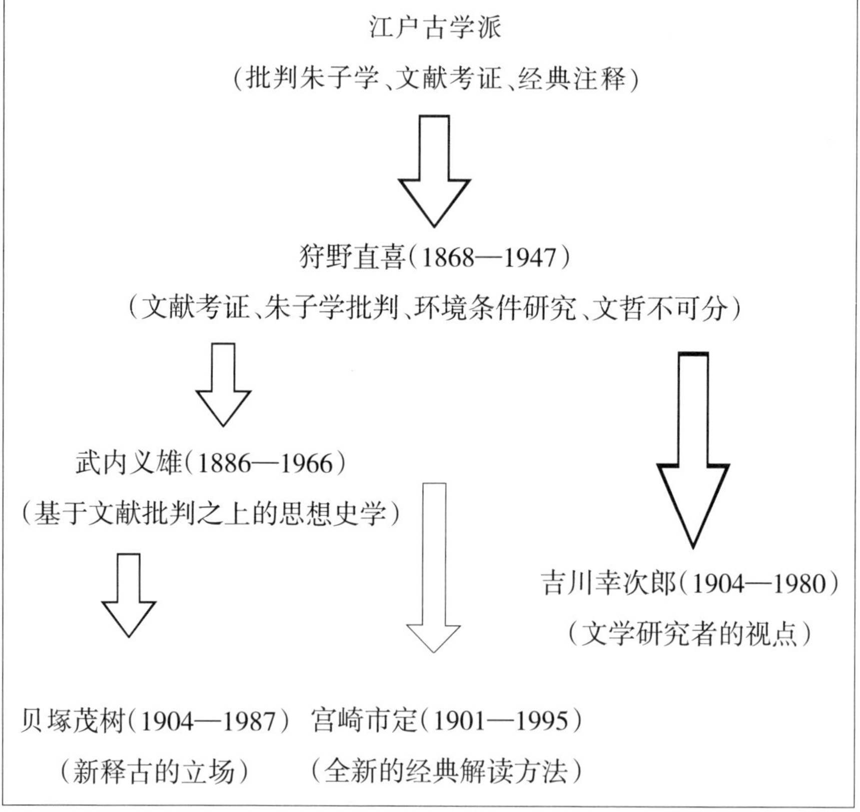

参考文献[1]

序章

中文参考文献

(宋)朱熹:《四书集注章句》,《钦定四库全书荟要》,长春:吉林出版集团有限责任公司2005年版。

连清吉:《日本京都中国学与东亚文化》,台北:学生书局2010年版。

连清吉:《日本江户时代的考证学家及其学问》,台北:学生书局1998年版。

黄俊杰:《德川日本〈论语〉注释史论》,台北:台北大学出版中心2006年版。

李庆:《日本汉学史》,第五部　变迁和展望,上海:上海人民出版社2010年版。

①"参考文献"部分中的著者名、书名、文章名、国家地区名、出版社名均已原版的形式出现,以便于读者检索查阅。

日文参考文献

金培懿:『江戸古学派における「論語」注釈史の研究』,福岡:九州大学大学院文学研究科,博士論文,2000年6月。

伊藤仁斎:『論語古義』,『日本名家四書註釋全書』巻3〈論語部一〉,東京:鳳出版1973年6月。

伊藤仁斎:『同志会筆記』,『伊藤仁斎伊藤東涯』,吉川幸次郎、清水茂共著,『日本思想大系』33,東京:岩波書店1971年10月。

伊藤東涯:「刊論語古義序」,『日本名家四書注釈全書』巻3〈論語部一〉,東京:鳳出版1973年6月。

荻生徂徠:『論語徵』,『荻生徂徠全集』巻4,東京:みすず書房1978年6月。

亀井昭陽:『家学小言』,『亀井南冥・昭陽全集』巻6,福岡:葦書房有限会社1979年8月。

亀井南冥:『論語語由』,『亀井南冥・昭陽全集』巻1,福岡:葦書房有限会社1978年5月。

安井息軒:『論語集説序』,『漢文大系』(一),台北:新文豐出版有限股份公司1994年10月。

安井息軒:『論語集説』,『漢文大系』(一),台北:新文豐出版有限股份公司1994年10月。

安井小太郎:『論語語由』,「解題」,『日本名家四書註釋全書』巻4〈論語部弐〉,東京:鳳出版1973年6月。

服部宇之吉:『四書解題』,『漢文大系』(一),台北:新文豐出版有限股份公司1994年10月。

井上哲次郎:『日本古学派の哲学』,東京:富山房1936年6月。

内藤湖南:『先哲の学問』,『内藤湖南全集』巻9,東京:筑摩書房1977年7月。

狩野直喜:『論語孟子研究』,東京:みすず書房1977年3月。

小川環樹:『論語徵』,〈解題〉,『荻生徂徠全集』卷4,東京:みすず書房1978年6月。

西田太一郎:『弁明·弁道·学則·徂徠集』の解題,『荻生徂徠』,吉川幸次郎,丸山真男,西田太一郎,辻達也共著,『日本思想大系』36,東京:岩波書店1973年4月。

武内義雄:『論語の研究』,『武内義雄全集』卷1〈論語篇〉,東京:角川書店1978年7月。

吉川幸次郎:『仁斎·徂徠·宣長』,東京:岩波書店1975年6月。

吉川幸次郎:『論語孟子研究』,解説,東京:みすず書房1977年3月。

荒木見悟:『亀井南冥·亀井昭陽』,叢書『日本の思想家』27,東京:明徳出版社1988年10月。

溝上瑛:『吉川幸次郎』,『東洋学の系譜』第2集,江上波夫編著,東京:大修館書店1994年9月。

永田英正:『貝塚茂樹』,『東洋学の系譜』第2集,江上波夫編著,東京:大修館書店1994年9月。

礪波護,間野英二:『東洋史学　宮崎市定』,礪波護,藤井譲治編,『京大東洋学の百年』,京都:京都大学学術出版社2002年6月。

小倉芳彦:『逆流と順流一わたしの中国文化論』,『論語の新研究』,東京:研文出版1978年12月。

町田三郎:『江戸時代の漢学者たち』,東京:研文出版1998年6月。

松川健二:『論語の思想史』,東京:汲古書院1994年2月。

第一章

中文参考文献

(宋)朱熹:《四书集注章句》,《钦定四库全书荟要》,长春:吉林出版集团有限公司2005年版。

(清)刘宝楠:《〈论语〉正义》上下册,高流水点校,北京:中华书局1990年版。

*连清吉:《日本京都中国学与东亚文化》,《狩野直喜:京都中国学的创始者》,台北:学生书局2010年版。

*李庆:《日本汉学史》,第一部　起源和确立,上海:上海人民出版社2010年版。

日文参考文献

*[1]小島祐馬:『通儒としての狩野先生』,『東光』第五号,京都:弘文堂書房1948年4月。

*狩野直禎:『狩野直喜』,江上波夫編,『東洋学の系譜』,東京:大修館書店1993年3月。

*高田時雄:『支那語学支那文学　狩野直喜』,礪波護,藤井譲治編,『京大東洋学の百年』,京都:京都大学学術出版会2002年6月。

*吉川幸次郎:『論語孟子研究』,解説,東京:みすず書房1977年3月。

*吉川幸次郎:『中国哲学史』,跋,東京:岩波書店1968年8月。

*吉川幸次郎:『先師と中国文学』,『東光』第五号,京都:弘文堂1948年4月。

*吉川幸次郎:『支那学文藪』,解説,東京:みすず書房1973年4月。

吉川幸次郎:訳注本『論語』,『吉川幸次郎全集』巻4,東京:筑摩書房1969年12月。

吉川幸次郎:『論語について』,東京:講談社1976年9月。

武内義雄:『論語の研究』,『武内義雄全集』巻1〈論語篇〉,東京:角川書店1978年7月。

*神田喜一郎:『敦煌学五十年』,東京:筑摩書房1960年5月。

①标注"*"者乃本书前行研究。

＊青木正児:『君山先生と元曲と私』,『東光』第五号,京都:弘文堂書房1948年4月。

＊宮崎市定:『清朝の制度と文学』,解説,東京:みすず書房1984年5月。

宮崎市定:『論語の新研究』,東京:岩波書店1974年6月。

狩野直喜:『論語孟子研究』,東京:みすず書房1977年3月。

狩野直喜:『春秋研究』,東京:みすず書房1994年11月。

狩野直喜:『唐鈔本古文尚書釈文考』,『支那学文藪』,東京:みすず書房1973年4月。

狩野直喜:『山井鼎と七経孟子考文補遺』,『支那学文藪』,東京:みすず書房1973年4月。

狩野直喜:『方望渓の逸事に就いて』,『支那学文藪』,東京:みすず書房1973年4月。

狩野直喜:『海蔵楼詩を読む』,『支那学文藪』,東京:みすず書房1973年4月。

狩野直喜:『水滸伝と支那戯曲』,『支那学文藪』, 東京: みすず書房1973年4月。

和辻哲郎:『孔子』,東京:岩波書店2009年12月。

貝塚茂樹:『孔子』,東京:岩波書店1963年5月。

伊藤仁斎:『論語古義』,『日本名家四書註釋全書』巻3〈論語部一〉,東京:鳳出版1973年6月。

荻生徂徠:『論語徴』,『荻生徂徠全集』巻3,東京:みすず書房1977年7月。

亀井南冥:『論語語由』,『亀井南冥・昭陽全集』巻1,福岡:葦書房有限会社1978年5月。

小倉芳彦:訳注本『春秋左氏伝』,東京:岩波書店,1990年8月。

金培懿:『江戸古学派における「論語」注釈史の研究』,福岡:九州大学大学院文学研究科,博士論文,2000年6月。

第二章

中文参考文献

何晏:《〈论语〉集解·叙》,『汉文大系』(一),台北:新文丰出版有限股份公司1994年版。

*连清吉:《日本现代中国思想史学的创始者:武内义雄》,《鹅湖杂志》393期,台北:鹅湖月刊社2008年3月。

*李庆:《日本汉学史》,(第二部　成熟和迷途),上海:上海人民出版社2010年版。

日文参考文献

*金谷治:『武内義雄』,江上波夫編,『東洋学の系譜』,東京:大修館書店1992年11月。

*金谷治:『先学を語る—武内義雄博士』,『東方学回想』V,東京:水刀書房2000年4月。

*金谷治:「誼卿武内義雄先生の学問」,『金谷治中国思想論集』,下卷,東京:平河出版社1997年9月。

*金谷治:『中国文化叢書』③〈思想史〉,総説,東京:大修館書店1967年10月。

*金谷治:『武内義雄全集』卷9〈思想史篇二〉,解説,東京:角川書店1979年4月。

金谷治:『武内義雄全集』卷1〈論語篇〉,解題,東京:角川書店1978年7月。

狩野直喜:『中国哲学史』,東京:岩波書店1968年8月。

*吉川幸次郎:『武内義雄全集』卷1〈論語篇〉,解説,東京:角川書店1978年7月。

＊和辻哲郎:『武内博士の「論語」の研究』,『孔子』,付録,東京:岩波文庫 2009 年 12 月。

＊西蔵順:『武内義雄全集』巻 8〈思想史篇一〉,解説,東京:角川書店 1978 年 11 月。

＊坂出祥伸:『日本における中国哲学研究の諸相』,『東西シノロジー事情』,東京:東方書店,1994 年 4 月。

＊町田三郎:『「論語」をどう読みすすめるか』,『江河万里流る一甦る孔子と亀陽文庫』,福岡:亀陽文庫編集,能古博物館発行,1994 年 12 月。

＊町田三郎:『道家思想研究史のための覚書—武内,津田両博士の業績を中心に—』,『中国古代の思想家たち』,東京:研文出版 2006 年 2 月。

武内義雄:『学究生活の思出』,『思想』,東京:岩波書店 1995 年 9 月号。

武内義雄:『支那学研究法』,『武内義雄全集』巻 9〈思想史篇二〉,東京:角川書店 1979 年 4 月。

武内義雄:『論語の研究』,『武内義雄全集』巻 1〈論語篇〉,東京:角川書店 1978 年 7 月。

武内義雄:『老子と荘子』,『武内義雄全集』巻 6〈諸子篇一〉,東京:角川書店 1978 年 9 月。

武内義雄:『易と中庸の研究』,『武内義雄全集』 巻 3 〈儒教篇二〉,東京:角川書店 1979 年 1 月。

伊藤仁斎:『論語古義』,『日本名家四書註釋全書』巻 3〈論語部一〉,東京:鳳出版 1973 年 6 月。

第三章

中文参考文献

(宋)朱熹:《四书集注章句》,《钦定四库全书荟要》,长春:吉林出版集团有限责任公司 2005 年版。

牟宗三:《中国哲学十九讲》,台北:学生书局 2002 年版。

*连清吉:《日本京都中国学与东亚文化》,《吉川幸次郎: 日本近代中国文学的泰斗》,台北:学生书局 2010 年版。

*李庆:《日本汉学史》,第三部　转折和发展,上海:上海人民出版社 2010 年版。

*王琨:《杜诗中的心象风景》,《道南论衡:2009 年台湾地区研究生汉学学术研讨会论文集》,台北:政治大学中国文学系 2010 年版。

*孟伟:《吉川幸次郎的中国文学论》,《东亚汉学回顾与展望国际研讨会论文集》,长崎:长崎中国学会2010 年版。

日文参考文献

*溝上瑛:『吉川幸次郎』,『東洋学の系譜』[第 2 集], 江上波夫編著, 東京:大修館書店 1994 年 9 月。

*興膳宏:『中国語学中国文学　吉川幸次郎』,礪波護,藤井譲治編,『京大東洋学の百年』,(京都:京都大学学術出版会 2002 年 6 月。

吉川幸次郎:『中国文化に現われた人生観』,『吉川幸次郎全集』巻 1, 東京:筑摩書房 1969 年 6 月。

吉川幸次郎:『中国文学史序説』,『吉川幸次郎遺稿集』巻 2,東京:筑摩書房 1996 年 2 月。

吉川幸次郎:『杜甫の詩論と詩』,『吉川幸次郎全集』巻 12,東京:筑摩書房 1968 年 6 月。

吉川幸次郎:『吉川幸次郎全集』巻 10,自跋,東京:筑摩書房 1985 年 12 月。

吉川幸次郎:『元雑劇研究』,『吉川幸次郎全集』巻 14,東京:筑摩書房 1985 年 4 月。

吉川幸次郎:『論語について』,『吉川幸次郎全集』巻 5,東京:筑摩書房 1970 年 5 月。

吉川幸次郎:『古典講座「論語」—NHK放送—』,『論語について』,東京:講談社1976年9月。

吉川幸次郎:『論語について—慶応義塾小泉信三記念講座講演—』,『吉川幸次郎全集』巻5,東京:筑摩書房1970年5月。

吉川幸次郎:『論語について』,『吉川幸次郎全集』巻5,東京:筑摩書房1970年5月。

吉川幸次郎:『尚書正義』,東京:岩波書店1940年2月。

吉川幸次郎:『論語私記』,『吉川幸次郎全集』巻1,東京:筑摩書房1995年10月。

吉川幸次郎:『言語のリズム』,『吉川幸次郎講演集』,東京:筑摩書房1996年4月。

吉川幸次郎:訳注本『論語』,『吉川幸次郎全集』巻4,東京:筑摩書房1969年12月。

狩野直喜:『論語孟子研究』,東京:みすず書房1977年3月。

武内義雄:『支那学研究法』,『武内義雄全集』巻9〈思想史篇二〉,東京:角川書店1979年4月。

武内義雄:『論語の研究』,『武内義雄全集』巻1〈論語篇〉,東京:角川書店1978年7月。

宮崎市定:『論語の新研究』,東京:岩波書店1974年6月。

伊藤仁斎:『語孟字義』,吉川幸次郎、清水茂共著,『日本思想大系』33,(東京:岩波書店1971年10月。

伊藤仁斎:『論語古義』,『日本名家四書註釋全書』巻3〈論語部一〉,東京:鳳出版1973年6月。

荻生徂徠:『論語徵』,『荻生徂徠全集』巻4,東京:みすず書房1978年6月。

第四章

中文参考文献

胡适:《中国哲学史大纲》,《国珍本藏书》,北京:团结出版社2009年版。

冯友兰:《中国哲学史》(上下册),上海:华东师范大学出版社2006年版。

* 李庆:《日本汉学史》,第三部　转折和发展,上海:上海人民出版社2010年版。

日文参考文献

* 永田英正:『貝塚茂樹』,江上波夫編著,『東洋学の系譜』第2集,東京:大修館書店1994年9月。

* 吉川幸次郎:『貝塚茂樹氏「論語」·「孟子」』,『吉川幸次郎全集』巻5,東京:筑摩書房1984年7月。

吉川幸次郎:『言語のリズム』,『吉川幸次郎講演集』,東京:筑摩書房1996年4月。

吉川幸次郎:訳注本『論語』,『吉川幸次郎全集』巻4,東京:筑摩書房1969年12月。

* 金谷治:『貝塚先生と新釈古』,『金谷治中国思想論集』下巻,東京:平河出版社1997年9月。

狩野直喜:『論語孟子研究』,東京:みすず書房1977年3月。

武内義雄:『論語の研究』,『武内義雄全集』巻1〈論語篇〉,東京:角川書店1978年7月。

武内義雄:『中国思想史』,東京:岩波書店2005年11月。

宮崎市定:『論語の新研究』,東京:岩波書店1974年6月。

和辻哲郎:『孔子』,(東京:岩波文庫,2009年12月)。

貝塚茂樹:『中国の古代国家』,『貝塚茂樹著作集』巻1,東京:中央公論社1976年5月。

貝塚茂樹:『中国古代史学の発展』,『貝塚茂樹著作集』巻 4,東京:中央公論社 1977 年 10 月。

貝塚茂樹:『春秋左氏伝解説』,『貝塚茂樹著作集』巻 5,東京:中央公論社 1976 年 9 月。

貝塚茂樹:『中国における哲学の出発点』,『貝塚茂樹著作集』巻 5,東京:中央公論社 1976 年 9 月。

貝塚茂樹:『中国古代の抒情詩時代』,『貝塚茂樹著作集』巻 5,東京:中央公論社 1976 年 9 月。

貝塚茂樹:『神々の誕生』,『貝塚茂樹著作集』巻 5,東京:中央公論社 1976 年 9 月。

貝塚茂樹:訳注本『論語』,東京:中央公論社 1977 年 7 月。

貝塚茂樹:『孔子』,『貝塚茂樹著作集』巻 9,東京:中央公論社 1976 年 11 月。

貝塚茂樹:『孔子と子産』,『古代中国の精神』,『貝塚茂樹著作集』巻 6,東京:中央公論社 1977 年 1 月。

貝塚茂樹:『論語の成立』,『貝塚茂樹著作集』巻 5,東京:中央公論社 1976 年 9 月。

貝塚茂樹:『殷代金文に見えた図像文字　に就て』,『貝塚茂樹著作集』巻 2,東京:中央公論社 1977 年 5 月。

第五章

中文参考文献

(宋)朱熹:《四书集注章句》,《钦定四库全书荟要》,长春:吉林出版集团有限责任公司 2005 年版。

(清)黄式三:《〈论语〉后案》,张涅,韩岚点校,南京:凤凰出版社 2008 年版。

(清)段玉裁:《说文解字注》,上海:上海古籍出版社 2008 年版。

*连清吉:《日本京都中国学与东亚文化》,《宫崎市定：日本东洋史学的巨峰》,台北:学生书局 2010 年版。

*李庆:《日本汉学史》,第三部　转折和发展,上海:上海人民出版社 2010 年版。

日文参考文献

*礪波護，間野英二:『東洋史学　宮崎市定』,『京大東洋学の百年』,礪波護、藤井譲治編,京都:京都大学学術出版会 2002 年 6 月。

*小倉芳彦:『逆流と順流—わたしの中国文化論』,『論語の新研究』,東京:研文出版 1978 年 12 月。

狩野直喜:『論語孟子研究』,東京:みすず書房 1977 年 3 月。

内藤湖南:『支那近世史』,『内藤湖南全集』巻 10，東京：筑摩書房 1969 年 6 月。

貝塚茂樹:『孔子』,『貝塚茂樹著作集』巻 9,東京:中央公論社 1976 年 11 月。

吉川幸次郎:『論語について』,東京:講談社 1976 年 9 月。

吉川幸次郎:『武内義雄全集』巻 1〈論語篇〉,解説,東京:角川書店 1978 年 7 月。

吉川幸次郎:訳注本『論語』,『吉川幸次郎全集』巻 4,東京:筑摩書房 1969 年 12 月。

武内義雄:『論語の研究』,『武内義雄全集』巻 1〈論語篇〉,東京:角川書店 1978 年 7 月。

武内義雄:『支那学研究法』,『武内義雄全集』巻 9〈思想史篇二〉,東京:角川書店 1979 年 4 月。

*金谷治:『武内義雄』,江上波夫編,『東洋学の系譜』,東京:大修館書店 1992 年 11 月。

中村惕斎:『論語』,『漢籍国字解全書』巻 1,東京:早稲田大学出版部 1909 年 11 月。

宮崎市定:『論語の新研究』,東京:岩波書店 1974 年 6 月。

宮崎市定:『論衡正説篇説論語章稽疑』,『論語の新しい読み方』,東京:岩波書店 1996 年 5 月。

宮崎市定:『東洋史上に於ける孔子の位置』,『論語の新しい読み方』,東京:岩波書店 1996 年 5 月。

宮崎市定:『自跋集』,『論語』,東京:岩波書店 1996 年 5 月。

第六章

中文参考文献

李庆:《日本汉学史》,第五部　变迁和展望,上海:上海人民出版社 2010 年版。

日文参考文献

金谷治:『論語の世界』,東京:日本放送出版協会 1970 年 8 月。

＊金谷治:『貝塚先生と新釈古』,『金谷治中国思想論集』下巻,(東京:平河出版社 1997 年 9 月。

＊町田三郎:『「論語」をどう読みすすめるか』,『江河万里流る—甦る孔子と亀陽文庫』,福岡:亀陽文庫編集,能古博物館発行,1994 年 12 月。

＊澤田多喜男:『「論語」考索』,東京:知泉書館,2009 年 1 月。

下定雅弘:『「論語」の文章』,加地伸行編,『論語の世界』,(東京:中公文庫 1992 年 4 月。

橋本秀美:『「論語」　心の鏡』,東京:岩波書店 2009 年 9 月。

跋

2007 年,我考入日本长崎大学,从连清吉师,开始从事日本汉学史研究。硕士学位论文《武内义雄的中国思想史学》是我涉足日本汉学领域的第一篇作业;2016 年由学生书局出版的译著《中国学研究法》是关于日本近代"古典文献主义"治学方法的总结;此次即将付梓的拙著《日本近代〈论语〉学史论》则是基于博士学位论文《京都中国学派〈论语〉研究》略加增补而成,可谓负笈九州学究心得的集约。

《论语》学是日本近世儒学乃至近代汉学的显学,无论江户日儒,或日本近现代学人都注重《论语》的注疏、诠释、讲授以及研究。故而《论语》学如同一面镜子,能够映射出江户儒学、明治汉学以及近现代中国学的诸相。爬梳自江户时代至近现代日本的《论语》研究著作,一方面可以辨析日本汉学治学方法和学术宗尚的嬗变经纬;另一方面也能够以《论语》学为力证,说明日本汉学的特质所在,揭示日本堪当"世界三大汉学研究中心地"之所以。这也是拙著的主旨所在。

拙著主要以狩野直喜、武内义雄、吉川幸次郎、贝塚茂树以及宫崎市定的《论语》论著作为中心材料。然日本汉学的资料宝库浩瀚如海,《论语》学论考更是汗牛充栋,研究者难免遗漏瑰宝。拙著大体完成之后,又发现一份日本近代《论语》学的重要资料——竹添光鸿(1842—1917)的《〈论语〉会笺》。

《〈论语〉会笺》注文以朱子《〈论语〉集注》为根本,再以"笺曰"的形式作疏。疏文内容驳杂,既包括文字释义、句义疏通、经义讲解,以及针对朱子《〈论语〉集注》的批驳是正,也包括经本校勘、文本批评。征引范围则更为庞博,上至汉唐古注、宋明新注,下至清儒及江户日儒诸家之说,凡有助解经义者,皆囊入其中。竹添光鸿笺注《论语》,对传统注疏成果采取兼容并蓄、博采众长的态度,综合汉、唐、宋、明、清代学人与江户儒者的治经方法和学术观点,借鉴清儒考证之长,辅以日本古来传承的古抄本与和刻本,校勘异本,订正字句,训诂文字,并援用江户古学之"征古言""求古义"的语言学研究法,加以探究"语由"——还原经文历史现场的历史性研究视点和态度,疏解经文、阐释经义。可见,《〈论语〉会笺》运用中日两国学人治经方面之所长,使两国传统经学发生联系,整理、归纳两国经学研究的优秀成果。所以,它不仅是日本《论语》旧注疏的总结,也堪当中日两国《论语》注疏学的集大成。不但如此,比较《〈论语〉会笺》和狩野直喜的讲义《〈论语〉研究》可见,无论是校勘经本的方法,还是训诂文字、疏通文意、阐释经义的方式和途径,两者都存在相当程度的一致性。换言之,由明治汉学发展至近代中国学的学术嬗变过程中,在经学研究方法方面存在很大程度的一贯性——取法清朝考证学,继承江户古学,严格立足文本,重视文献搜集与考证,以纯粹的文献操作,辅以历史研究的视点,力图还原古典最原始的相貌。可见,就古典研究方法和态度而言,狩野直喜受竹添光鸿的影响颇大。

拙著主张以伊物二子及南冥、息轩为代表的古学派《论语》注疏是日本近代《论语》学的先驱。这一点从狩野直喜的《〈论语〉研究》及其后学的《论语》著述中有所体现。但是自明治五年(1872年)息轩《〈论语〉集说》问世至狩野直喜于京都大学开讲《论语》,两者间隔近四十年。而包括江户儒学发展至日本近代中国学的进程在内,任何学术史的阶段性变化发展都不可能一蹴而就，需要较长的一段时间对传统学术进行整理、总结和反省，如此才能基于传统学术有所展开。大约成书于明治二十年代中期至三十年代中期(1900年左右)的《〈论语〉会笺》则整理、归纳江户《论语》旧注疏的精要，并援用清儒治经的方法和成果，去除江户朱子学脱离文本、高远不实之说，完成江户古学和清朝考证学的统和，填补近四十年间《论语》学研究领域的学术断层，使以狩野直喜为代表的后辈学人有条件基于传统学术进行发展和创新。所以，竹添光鸿的《〈论语〉会笺》是日本近代《论语》学的学术基础。

以上是近来研究中的最新收获，兹简述之，以补拙著不足，为广大读者提供新的参考。

最后，于拙著付梓之际，首先感谢恩师连清吉先生在各方面对我的悉心教导，倘若没有连老师尽己所知、倾囊相授的“学恩”，我大概还日日彷徨于求学东瀛的过程中。另外，还要感谢我的副指导教授原长崎大学环境科学部学部长佐久间正老师，他不但在德川日本儒学史方面给予我诸多指导，还为我提供了新的研究方向和指针，让我在以后的学术研究中有的放矢。此外，我还要特别感谢责任编辑吴琼老师和负责校阅的赵宇力老师，为保证拙著出版质量，他们不惜投入大量的时间和精力，认真审阅，精当核正，指正出不少误、衍、缺、漏之处，使我受到不少鼓励和提高。

由于学力不逮，精力有限，拙著中难免存在失当、错误之处，祈请学界前辈同仁批评指正。

吴　鹏
己亥年十一月　识于天津